北京市哲学社会科学
北京产业安全与发展研究基地
Beijing Center for Industrial Security and Development Research

北京交通大学北京产业安全与发展研究基地系列丛书
主编 / 李文兴

基于产业安全的
京津冀产业转移研究

Research on Industrial Transfer
of Beijing-Tianjin-Hebei
Based on Industrial Safety

李　然 / 著

社会科学文献出版社
SOCIAL SCIENCES ACADEMIC PRESS(CHINA)

"北京交通大学北京产业安全与发展研究基地系列丛书"
编委会

主　　编：李文兴

编委会成员（按姓氏拼音排序）

卜　伟　　陈芬菲　　段建强　　段建宇

冯　华　　关晓兰　　李文兴　　马文军

任　旭　　佟　琼　　张　娜　　赵　坚

总　序

　　北京产业安全与发展研究基地（Beijing Center for Industrial Security and Development Research，BCISDR）（以下简称研究基地）于 2010 年 12 月正式成立，是经北京市哲学社会科学规划办公室和北京市教育委员会批准建立的第三批北京市哲学社会科学研究基地之一，依托北京交通大学经济管理学院和中国产业安全研究中心，拥有一支高水平、跨学科的研究团队，具有雄厚的学科基础。北京交通大学产业经济学二级学科是国家重点学科，应用经济学一级学科是北京市重点学科，拥有应用经济学一级学科博士点、应用经济学博士后科研流动站、北京交通大学中国产业安全研究中心博士后科研工作站。

　　研究基地有两个主要研究领域：一是北京市产业安全研究；二是北京市产业发展研究。北京市产业安全研究领域主要包括产业安全理论研究、产业安全评价研究和产业安全预警研究三个研究方向；北京市产业发展研究领域主要包括产业发展理论研究、产业发展战略研究和产业发展政策研究三个研究方向。研究基地充分利用北京市的研究力量和资源优势，以"北京产业安全与发展"为研究重点，以"产业安全评价与产业发展政策"为研究特色，针对北京产业安全与发展中的重大理论和现实问题，持续开展前沿性、专业性、基础性和交叉性研究，旨在为北京市开展产业安全评价工作、及时准确地进行产业安全预警提供理论依据，为北京市及中央政府制定产业政策、防范和控制相关风险提供决策参考。随着京津冀协同发展上升为国家战略，研究基地将针对北京市的相关研究扩展到京津冀范围。

经过 5 年的发展，研究基地承担了一批包括国家社会科学基金重大项目、国家社会科学基金重点项目等高水平项目，获得教育部、北京市及其他省市人文社会科学多项省部级奖励，研究基地专家撰写的多篇研究报告获得国家及北京市领导批示，出版了系列中国产业安全蓝皮书，为北京市以及全国的产业安全与发展提供了有力的理论支撑。

随着成果的增多，研究基地拟将这些成果整理出来，以开放性的丛书形式，本着质量第一的原则，逐本出版。研究基地的目标是打造产业安全与发展研究创新的重镇，切实提升北京市产业安全与发展领域的整体研究实力。"北京交通大学北京产业安全与发展研究基地系列丛书"是向着这个目标前进的一个尝试，希望能够为关心产业安全与发展的社会各界人士提供一些有益的借鉴与参考。

主编　李文兴

前　言

　　从全世界来看，由城市群组成的经济圈已经成为全球经济竞争的主要角色，经济圈的发展对一定区域乃至一个国家的经济发展起着不可替代的作用。城市经济圈的发展需要内部各成员之间的优势互补、协同合作。从产业经济学的角度考虑，这体现在各成员之间的产业互补与产业协作上，而产业转移作为产业间互补与协作的先导，是我们在构建城市经济圈时需要优先考虑的问题。

　　本书以京津冀的产业转移为研究对象，以规范分析和实证分析相结合的研究方法，论述了京津冀的产业转移机理、转移行业选择，以及转移行业的产业安全评价、产业布局优化及产业转移政策建议。

　　在系统梳理产业安全理论和产业转移理论的基础上，本书借鉴国外经验，从京津冀经济增长、生态环境和产业转移问题入手，分析问题存在的原因，阐明市场驱动和政府调控是产业转移的两个主轮，并将生产要素禀赋差异和产业结构差异作为市场驱动的动力因素，指出部分产业应从北京转移至河北和天津，同时天津又可将部分产业转移至相对欠发达的河北。本书还对比分析了京津冀三地工业产业梯度，测算筛选出了应该转移的 16 个行业，指出该地区产业错位发展的途径，即北京应发展高新技术产业和生产性服务业，天津应发展石油能源、设备制造及国际航运业，而河北则发展现代工业和现代农业，并支撑京津冀生态环境，从而得出京津冀"一核""双城""三轴""四区"的产业优化布局。为保证产业转移的顺利实施，京津冀应统筹规划、协同发展，产业转移方应积极发挥引擎作用，产业承接方则应重点提升自身水平。

本书的主要贡献在于以下几点。首先，提出京津冀区域发展应是市场导向在前、政府引导在后，整体把握京津冀的发展，重视经济圈核心城市的辐射作用。其次，在计算产业梯度时，对产业转出地增加了动态产业变化分析，即增加了比较行业增长率，综合判断具有产业转移趋势的行业。再次，提出了"广义产业安全理论"的概念，并基于广义产业安全理论对产业转移的影响进行了评价。广义产业安全理论最强调的就是产业与生态安全之间的关系，随着京津冀环境问题的日益严峻，以此为背景的产业转移选择将会越来越重视转移对环境的影响。最后，基于PSR（压力—状态—响应）框架创建了转移产业安全评价指标体系。该指标体系从系统的角度对相应指标进行筛选和层次分析，把整个京津冀区域的经济和生态环境看成一个大系统，分析其产业转移的动力、生产要素的状态以及环境的响应，以此对16个转出产业的影响进行了实证评价。

由于本人研究水平有限，本书不足之处在所难免，敬请专家和读者批评指正。

目　录

第一章　绪论

第一节　研究背景和意义

综观全球经济竞争格局，世界级的大城市群将很快成为整个经济竞争中的主要力量，某些城市群的日渐成熟极大地带动了周围城市甚至整个国家的经济发展。例如，东京、巴黎、伦敦等城市群，不仅自身成为极具发展活力的世界级经济中心，而且逐渐形成以自身为先导的国家核心"城市经济圈"，促进了各自国家首都的国际化快速发展进程。不难发现，在整个世界范围内，大都市圈的逐渐形成是区域性增长的中心城市逐步壮大并进一步扩散，以及带动次中心城市增长的过程。在这个演变过程中，对世界级"城市经济圈"不断形成与壮大起着至关重要作用的一个因素，被认为是由各个城市之间高效协作而形成的最大都市圈效率。

北京作为我国的首都经历了几个朝代的发展与演变，直至清朝，以北京为中心，形成了包含张家口、天津、承德等一系列重要城市且半径达三四百公里的城市圈域。在这个大的城市圈域范围内，北京发挥着政治中心和文化中心的重要作用；同时，环绕在北京周围的这些重要城市，在军事、经济等各自具有独特功能的方面为北京的发展和壮大提供了有力支持。近年来，京津冀首都城市圈的发展更成为我国华北区域经济乃至全国经济发展的重要驱动力，《京津冀协同发展规划纲要》指出，北京是全国"政治中心、文化中心、国际交往中心、科技创新中心"，连同天津市和河北省，整个首都都市圈毫无疑问地成为我国北方地区最大的经济核心区，并致力于成为中国在全球化竞争格局中成就自身地位的先行者。然而，北京、天津和河北作为一个区域发展体，不可避免地出现了区域发展不平衡现象，而且随着京津冀首都城市圈的发展壮大，这种不平衡的现象越来越突出，极大地阻碍了城市圈的一体化和成熟化进程。特别是作为首都的北京，由于其具有更优的城市功能，吸引了更多的人口涌入，城市交通、公共资源、人均生存空间、城市生态环境等方面的"大城市病"问题相继出现，并逐渐成为整个首都经济圈迅速发展的严重制约。人口问题对北京施加的压力尤其显著，据统计，北京市常住人口在 2014 年已达2114.8 万人，意味着十多年内，北京市常住人口增长了 48%。由人口压力导致的资源稀缺、环境承载能力下降、资源和环境约束加紧等问题也不断加剧。例如，2014 年数据统计，以北京市常住人口进行计算，人均土地面积约 0.078 公顷，低于全国平均水平的 1/8，仅为世界平均水平的 1/33；人均水资源还未到 100 立方米，是一个资源型严重缺水地区；在能源方面，全部的天然气，大部分的煤和电力都无法足量自给。此外，2014 年北京机动车达到了 537 万辆，这使得北京的交通阻塞和环境污染问题也进一步加重。与此同时，投资选择在很大程度上影响整个北京地区的经济发展，而投资中高能耗、低产出问题仍然存在，影响市民的正常生活，也严重制约了经济的可持续发展。

基于此背景，"十二五"发展规划提出建设以大城市为依托，中小城市为重点，形成具有较强辐射作用的大城市群，进一步促进大城市、中小城市和小城镇之间的协同发展，并在战略规划中提出将"京津冀一体化"这一国家战略向世界推出，将战略重点定位于打造京津冀率先发展点，致力于推动东部三大区域经济一体化，以期能够通过京津冀的持续发展带动全国经济发展"第三极"。经济全球化的深入发展是国家"十二五"发展战略制定的基本背景，在经济全球化的大趋势下，"京津冀经济圈"必然要发挥资源创新性及战略性特色，力争在全球的经济竞争中作为国家的代表发挥其关键作用。在这一过程中，要实现区域的可持续发展，整个经济圈的发展方式和结构不可避免地要进行相应调整，调整方式的选择是多样的。例如，北京首钢集团搬迁至曹妃甸这一举动就是一个结构调整的过程，也是城市之间优化升级的过程，无疑是一个极为成功的案例。京津冀经济圈在发展过程中也应当深化城市区域之间的开放互动，使三个省市的功能结构达到最优，构建更为优良的产业集群，促进区域的整体发展。

产业转移的过程通常伴随着资本、技术等有形、无形资产的流动，同时也能够增加不发达区域的活力。一个区域内产业的有效转移经过市场的作用力，不仅能够使区域经济达到最优，而且能够有效减少区域发展不平衡等问题，此外能够提高整个区域的整体竞争力。京津冀经济圈着力于分散首都功能，发挥北京的核心作用，带动整个区域的有效发展，整个进程具有深远意义。第一，京津冀经济圈具有富足的劳动力资源、发达的交通网络、良好的地理位置等一系列产业转移优势。因此，京津冀经济圈担负着高质、高量、高效合理地实施区域产业转移，提高资源配置效率，增强城际分工协作，促进各地资本跨行政区划进行联合、重组、并购，成为继"珠三角"和"长三角"之后的第三个区域增长极，实现区域协调发展目标的艰巨任务。第二，仅从河北地区的角度看，有效地分担北京首都城市功能，并建立良性互动，河北便可以更好地获得北京优秀的人才资源、先进的生产技术等一系列资源，这些对河北的经济发展会起到极为关键的作用。第三，该区域的快速发展不仅能够有效地吸引国内外资源，有效地实现发展程度不同的地区之间的产业转移，使之成为我国北方最发达和开放的地区，而且最终能通过辐射作用促进周边地区的整体发展。

基于上述分析，本书期望通过对京津冀的实证分析丰富产业转移理论，同时为制定并实施更为有效的经济政策提供相应的理论基础。由于京津冀区域发展具有区域发展的普遍特点，存在的问题也具有一定程度的相似性，因此通过有效研究，解决好京津冀的产业发展问题必然会为构建其他有效的区域经济并促进其有效发展提供借鉴。因此研究京津冀产业转移问题毫无疑问具有极为重要的现实意义。

第二节　研究目标和方法

一　研究目标

本书的总体研究目标是明确京津冀中心城市需要转移的产业和外围地区可以承接的产业，并根据研究得出的分析结果提出有效的建议，通过实施相应措施以期深化区域内部产业协调发展和整体的合理布局，实现区域经济一体化。本书认为通过有效研究找到能够提高区域经济效率和竞争优势的有效手段，可以通过以下研究来实现：

（1）京津冀目前的发展现状；

（2）京津冀的产业转移趋势和条件；

（3）京津冀应参与转移的行业；

（4）建立一套以产业转移理论和产业安全理论为基础的评价指标体系；

（5）根据京津冀区域经济的特点及评价结果得出结论，并提出适合京津冀产业转移和发展的政策建议。

二　研究方法

本书综合采用了产业经济学、区域经济学、发展经济学及计量经济学等多种学科的理论研究方法。具体的研究方法主要包括以下几种。

（1）理论分析与案例分析相结合。将区域经济理论与产业转移理论相结合，对京津冀经济圈进行案例分析。本书选择特定地区、具体城市，以国家、省市统计年鉴数据为主要依据进行分析，探讨区域内部、城市之间在行业转移方面的发展趋势；经过理论分析，提出了广义产业安全的理论概念及体系，并从理论和实践两个方面探讨其可行性。

（2）实证分析与规范分析相结合。对京津冀经济发展及产业转移的状况、转移条件和发展趋势的分析，运用的是以实证分析为主的方法；而以产业梯度系数和比较行业增长率所做的产业结构和产业布局优化，则采用的是规范分析法。

（3）定性分析与定量分析相结合。以实证分析法评析其发展趋势及其特点时，在京津冀经济圈生产要素禀赋、产业梯度系数等方面，需要用到定量分析，否则就不能很好地把握京津冀经济圈产业转移的发展规律。而由于数据的可获得性及产业转移评价的复杂性，仅仅依靠定量的方法是很难解决全部问题的，因此仍需要依据定性分析方法，理性判断产业转移的发展方向及其动态变化过程。

（4）综合评价多层次分析法。产业转移与产业安全，需要用到区域经济学、产业经济学、多元统计学等学科的理论和方法，本书综合运用这些理论方法，构建基于产业安全的产业转移评价指标体系，建立综合评价模型，对模型涉及的变量进行层次分析，以统计学为主要计算工具，辅以其他软件方法，测算各层级指标的权重系数以及分值，最终综合得出量化研究结果。

第三节　研究内容和结构

本书内容共分为 10 章。

第一章：绪论。主要介绍论文选题的背景及意义，论文的研究目标、采用的研究方法，以及论文的主要内容、创新点及逻辑主线图，并对京津冀范围进行阐释。

第二章：相关理论与文献综述。主要阐述广义产业安全理论、生态经济安全相关理论以及产业转移和经济发展的关系。论述了本书研究的理论依据，包括区域产业转移的比较优势理论和核心—外围理论、区域经济发展理论的区域经济发展阶段论与区域经济空间结构论。

第三章：国外产业转移发展趋势与城市圈发展经验借鉴。世界上任何一个成熟都市圈的发展都是伴随着产业转移及转型升级向更成熟的方向发展，此部分主要介绍了日本东京都市圈和美国纽约都市圈产业转移的经验。

第四章：京津冀地区的发展现状及存在问题。主要阐述京津冀区域经济发展现状、产业转移现状和产业转移特点，以及目前存在的问题，并分析产业转移问题的原因。

第五章：京津冀产业转移机理分析。产业转移机理包括两方面因素：一是市场驱动因素，二是政府调控因素。市场驱动因素又包括生产要素禀赋差异和产业结构差异，通过分析京津冀产业转移的趋势，进一步明确产业转移的发展方向。

第六章：京津冀产业转移的行业选择及布局优化。主要通过以区位熵、比较资本产出率和比较劳动生产率为乘积的产业梯度系数和比较行业增长率等因素，分析判断具有产业转移趋势以及衰退的行业，在产业转移行业选择的基础上，进一步说明产业转移的原则，权衡各地资源禀赋、产业基础等因素，确定产业转移的优化方案，并设计产业转移以后形成的优化的产业空间布局。

第七章：基于PSR逻辑框架的京津冀产业转移影响因素分析。以广义产业安全理论分析产业转移因素的影响。首先，从生产要素禀赋差异、产业结构升级和政府推动三个方面分析京津冀产业转移的推动因素；其次，基于产业转移的本质，立足于生产要素，对通过生产要素流动产生作用的产业转移效应进行分析；最后，基于生态经济安全理论，从生态环境角度分析产业转移效应对环境的作用机制。从压力、状态和响应等因素角度选取评价体系的相关指标，以此建立以PSR 为基础的模型框架，同时分析该评价体系的适用性。

第八章：运用 PSR 模型评价产业转移效应。主要将熵值法和修改的层次分析法作为评价指标体系的权重计算的主要方法，并以此确定最终结果的评价标准。同时以 16 个转出产业为例，综合评价从北京转移出去以后产生的影响。

第九章：京津冀产业转移的政策建议。

第十章：结论及进一步研究的问题。

全书逻辑框架如图 1－1 所示。

第四节　本书研究范围界定

京津冀经济圈是目前国家规划中的一个重点经济区域，是我国三大城市经济圈之一。

首先，分析经济圈在国家的经济地位。综观国内外排名比较靠前的经济圈，如我国"珠三角"经济圈、"长三角"经济圈，日本东京都市圈和美国纽约都市圈，上述 4 个经济圈 2014 年经济总量分别占其所在国 GDP 的 12.27%、16.67%、32.99%、16.27%。而整个京津冀地区 2014 年经济总量仅占全国 GDP 的 10.37%。此外，前述 4个经济圈的城市群规模都很大，以"长三角"经济圈为例，"长三角"经济圈包括上海、江苏、浙江、安徽一市三省，面积 35.44 万平方公里，经济圈内不仅有上海、南京、杭州这样的大型城市，也有宁波、无锡、苏州等各具特色的中小城市。经济圈内城市群规模越大、城市数量越多，各城市之间越能形成区域性的分工与合作。因此，本书坚持要以战略和全局的眼光去看待京津冀经济圈的规划。

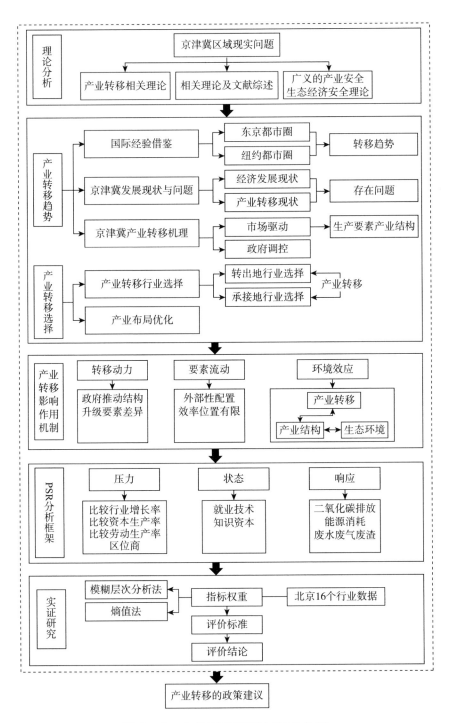

图 1-1　全书研究思路与结构框架

其次，从区域内行政规划与执行的角度来看，京津冀经济圈包括北京、天津、河北3个独立的行政区域，如果人为将经济圈内的区域进行分解再组合，比如将河北划分为两部分，中北部划归京津冀经济圈管辖，南部划归中原经济圈管辖，南北分而治之，这样不仅会增加行政的难度，造成一省之内规划与政令不统一，而且不利于河北省内部的产业整合与产业协作，也会阻碍京津冀经济圈的一体化进程。

再次，本书主要研究主题是区域内部的产业转移，如果在划分研究范围时，对区域划分过于狭小，则会增加后续计算区域内产业梯度的难度。而且区域内部各成员之间的协调发展除了政府的规划之外，更重要的是要基于市场经济，基于区域内各地产业之间的比较优势，让产业转移自发进行，政府更应该做的是规划引导与公共服务，而不是过分强调行政手段，对产业转移进行牵强组合。

最后，产业转移的一般规律是由中心发达地区向外围欠发达地区扩散，笔者基于这一理论，认为随着时间的推移和经济的发展，产业转移的趋势是由近至远、由浅入深，这一边界也将一直处于动态变化之中，因此过分强调京津冀经济圈的外围边界问题是不可取的。

因此，本书研究的"京津冀经济圈"将以北京市为中心、天津市为次中心、河北省为外围配合区域，这既囊括了传统首都经济圈规划的区域，也包含了2015年京津冀协调规划重新划分的区域。根据区域内各地经济发展的状况和相关地理区位信息，笔者将京津冀经济圈内各成员之间的具体定位确定为中心城市北京、次中心城市天津和外围协调区域河北（具体包括承德、唐山、张家口、秦皇岛、保定、沧州、廊坊、石家庄、衡水、邢台、邯郸）。北京市定位为全国的政治中心、科技创新中心、文化中心、国际交往中心；天津市定位为金融创新运营示范区、改革开放先行区、全国先进制造研发基地、北方国际航运核心区；河北省定位为全国现代商贸物流重要基地、产业转型升级试验区、新型城镇化与城乡统筹示范区、京津冀生态环境支撑区。

第五节 本书创新点

本书的主要创新有以下几点。

（1）提出京津冀区域发展应是市场导向在前、政府引导在后，整体把握京津冀区域的协调发展，重视区域核心城市的辐射作用，在行政区划不同的情况下，不必过分强调外围地区的边界。

（2）构建了比较行业增长率，在计算产业梯度时，对产业转出地增加了动态产业变化分析，综合判断具有产业转移趋势的行业。

（3）提出了"广义产业安全理论"概念，并基于广义产业安全理论对产业转移的影响进行了评价。广义产业安全理论最强调的就是产业与生态安全之间的关系，随着京津冀环境问题的日益严峻，以此为背景的产业转移选择将会越来越重视转移对环境的影响。

（4）建立了基于PSR（压力—状态—响应）框架的转移产业安全评价指标体系。该指标体系是从系统的角度对相应指标进行筛选和层次分析，把整个京津冀区域的经济和生态环境看成一个大系统，分析系统内产业转移的动力、生产要素的状态以及环境的响应，以此对16个转出产业的影响做了实证评价。

第二章　相关理论与文献综述

第一节　产业转移理论

一　产业转移的定义

以产业发展的视角来看，根据各地区的产业竞争优势发生变化情况，适时地对产业区位进行重新选择，形成了所谓的"产业转移"。产业转移是产业发展的空间动态变化。换句话说，变化了的产品需求或资源供给条件使得某些产业从一个地区或国家向另一个地区或国家进行转移，就形成了产业转移。以微观的角度来讲，产业转移也可以说是发达地区所特有的一种现象。部分发达地区的企业利用各方面优势，对不同区域进行投资，从而把一些不具优势的产业转移到较不发达地区来完成，这导致一种现象，那就是从产业的空间布局来看，该产业开始由发达地区向次发达或不发达地区逐渐转移。从以上描述来看，本书对区域产业转移的理解是：利用区域分工和贸易合作的方式，对其他地区进行投资，并将人力资本以及技术向投资地区输送，从而使区域内部不同层次的经济单元能够得到区域的协调发展和产业结构的优化升级的时空演变现象。

从产业转移的内在机理和操作原理来看，产业转移主要分为政府主导型和市场驱动型。政府主导型是指为了平衡区域间的发展以解决比较明显的经济极化效应，政府采取一些措施来适时引导产业转移的行为。市场驱动型认为，企业为了某种目的，通过权衡生产要素的价格和质量以及所处市场环境等方面的因素，灵活地发生产业转移。这样做的目的可能是扩大产业规模，也可能是节约成本。从产业转移的内容来看，根据其发生程度的不同可将其分为产业链局部转移和整体转移。局部转移是指产业转移现象只针对产业链中的一部分，产生这种现象的原因可能是生产成本和市场结构调整。整体转移是指产业的全部产业链在不同区域之间的转移，发生整体转移的原因一方面可能是该产业在原有地区没有发展空间，另一方面，从提高竞争优势的角度来看，部分产业可能有更适合其发展和扩张的区域。总的来看，产业转移一般始于局部转移。

产业转移有地区差异之分：一种是发生在区域之间的产业转移，称为区域产业转移；另一种是发生在不同国家之间的产业转移，称为国际产业转移。其中，区域产业转移有区内和区际的差别：区内产业转移指的是产业转移发生在同一经济或行政区域内，其中包括各经济区域内部的产业转移和国内的产业转移；区际产业转移指的是一国内部的某些产业在不同地区之间的转移，是在国家内部发生转移，不涉及国界线在地域方面的限制。

研究产业转移问题的人很多，而其中研究国际产业转移的人居多数，其研究成果为产业转移奠定了理论基础。前人的研究并没有减弱对相关方面的研究，反而随着经济的发展而逐渐深入。学者更多地从区域产业转移的视角来研究问题，从而使得关于产业转移的理论变得更为丰富和饱满。

二 基于产业发展视角的产业转移理论

从产业发展的角度看，产业转移是区域间由于产业竞争优势的变化而导致的产业区位重新选择的结果，是产业发展过程在空间上的表现形式，即产业演化的空间形态。产业转移也是由于资源供给或产品需求条件发生了变化，一些产业从某一地区或国家转移到另一地区或国家的一个经济过程。从微观角度来看，产业转移是发达区域的部分企业顺应区域比较优势的变化，通过跨区域的直接投资，把部分产业的生产转移到发展中区域进行，从而在产业的空间分布上表现出该产业由发达区域向发展中区域转移的现象。因此，本书将区域产业转移定义为：区域内不同层次的经济单元通过区域分工与贸易合作、异地投资等形式实现物质生产资料、资本、技术与人力资本在区域内移动，使产业结构优化升级，并促进区域协调发展的时空演变现象。

（一）产品生命周期理论

产品生命周期理论是由美国经济学家弗农针对发达国家和地区产业发展及转移而提出的，它能够反映发达国家和地区产业发展及转移的一般规律。为了探究产业发展及转移在发达国家和地区的轨迹和内在机理，美国成为弗农的研究对象。他通过介绍产品在美国的发展规律来分析和揭示全球范围内的生命周期演化及转移过程。研究过程中，他将产品的生命周期分为创新、成熟和标准化三个阶段。在创新阶段，美国所拥有的高收入消费群体和技术密集的优势使其符合及时的市场反馈与较高的技术研发投入要求，从而成为研究的首选地。当产品进入成熟阶段，影响生产的主要因素是管理和资本，因此，美国企业将拥有丰富的现代管理技术和投资来源的欧洲发达国家作为其对外直接投资和产业转移的主要对象。而进入标准化阶段以后，生产技术的普及导致对劳动力的素质要求降低，因此，美国企业又将对外直接投资和产业转移转向了具有低成本劳动优势的发展中国家。而随着产品从新产品向成熟及标准化产品的转换，产品的特性也发生了很大的转变——开始由知识技术密集型向资本和劳动密集型转化。与此同时，企业为了使产品在生产要素质量和需求条件不同的国家或地区转移，会从产品的市场需求条件变化和生产要素密集度入手采取相应的投资策略。

(二)"雁行模式"理论

"雁行模式"理论是由日本学者赤松要提出的,它主要研究开放经济下的产业发展情况。赤松要选择日本纺织业作为研究对象,对其发展进行了实证分析和研究,并在此基础上对明治维新后日本产业发展的路径进行了描述,通过研究发现,"进口—国内生产—出口"是日本在明治维新以后产业发展的主要路径。因其路径形似三只展翅飞翔的大雁,故得名"雁行模式"。在工业化早期,日本无论在技术方面还是产能方面都不具备太大的竞争力,国内的一些产品如棉纺织品等主要从欧美一些国家进口。而面对国内需求的不断增加,大量外资开始投向日本棉纺织业,发达国家的投资对日本的发展起了极大的促进作用,尤其是棉纺织业。外国的投资大大增加了纺织品的产能,日本渐渐开始转型,由进口依赖型转向自给自足型,甚至步入出口的道路。"雁行模式"表明处于开放经济条件下后发工业国的发展历程,其发展一般都经历了先进口再出口、先弱后强的过程。这也表明了后发工业国利用发达国家的产业转移来发展自己的产业,从而快速实现工业化,之后转而对相对弱势的国家转出其弱势产业的梯度转移轨迹。

对以上两种理论的对比结果显示,产品生命周期理论是对发达国家对外投资和产业转移一般规律的经验总结,而"雁行模式"是对后发工业国从产业承接到产业再转移过程的描述。将此二者理论结合起来便形成一个完整的国家间产业转移模式(见图2-1)。

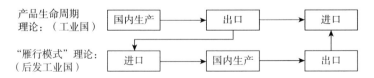

图2-1 产品生命周期理论与"雁行模式"理论的结合

（三）边际产业扩张理论

日本学者小岛清提出一种边际产业扩张理论，它是从产业结构升级的角度去研究如何进行产业转移才能更好更快地促进产业经济的发展。经济的发展必然会伴随着产业结构发生变化，新兴产业产生与成长的同时会有衰退产业的退出。为了应对改变的发生，地区产业需要做出一些调整，而区域产业转移则是主要措施之一。该理论把处于相对弱势地位的边际产业作为其产业转移的对象。根据产业结构演进的一般路径来看，劳动密集型产业会是边际产业的首要选择对象，而资本和技术密集型产业则紧随其后。在同行业中，低效企业较高效企业而言会提前加入边际产业行列。此外，转出产业对转出国来说可能是弱势产业，但对承接国来说则可能是优势产业，承接国通过对转移产业的发展升级促进了经济的发展。因此"边际产业扩张"式的产业转移无论对转移方还是承接方来说都是一件有利的事，这是一种双赢的可持续发展。

三 基于区域分工视角的产业转移理论

国内外学者对现代产业转移的研究多是从转移对产业发展的影响入手，而很少将重心放在区域分工方面。因此，从此角度来研究区域产业转移理论，是对产业转移理论的补充。按照涉及地域范围不同，产业转移可分为国际产业转移和区域产业转移，区域产业转移又可分为区际产业转移和区内产业转移两种类型。国际产业转移是指产业由某些国家或地区转移到另一些国家或地区，是一种产业在空间上移动的现象。区际产业转移是指在一个国家内某些产业由一个地区转移到另一个地区，它完全发生在一国之内，没有突破国界线的地域限制。区内产业转移则指的是发生在同一个经济区或同一个行政区内的产业转移现象，包括一国内部的产业转移和各级经济区内部的产业转移。

（一）比较优势理论

国际劳动分工和贸易理论最早由亚当·斯密提出，该理论认为在国际分工中，每个国家应该将主要精力放在其具有优势的产品上，并用其优势产品去交换在生产中处于弱势的产品，通过这种方式使各国资源得到最优化的配置，而资源的优化配置反过来促进分工和交换的进行，从而形成良性循环，最终达到各个国家的利益最大化。大卫·李嘉图在国际分工与贸易合作的理论基础上提出了比较成本学说，认为国际贸易分工可以以不同的劳动生产率为基础。不同的产品有不同的劳动生产率，在国际贸易中，生产差异较小的产品可以从中获取利益。瑞典经济学家俄林和赫克歇尔提出了要素禀赋理论，它以要素分布和现代优势原理为基础讨论了进行国际分工的标准，认为其标准取决于要素的丰富程度。该理论认为各个国家应根据其资源的拥有程度来进行生产，应该充分利用生产资料充足的资源来生产产品，并以此换取以稀缺资源为原材料的产品，这样才能够顺应各个国家的资源分配，既能够充分利用资源，又不至于造成资源的枯竭。

（二）梯度转移理论

20世纪下半叶以来，海特和克鲁默等区域经济学家创立了区域发展梯度转移理论。该理论以弗农的产品生命周期理论和不平衡发展理论为依据，指出不同地区存在不同的产业基础，生产要素在各方面都存在一定程度的差异，除此之外，各个地区的发展战略也不尽相同。这些因素的综合影响使得阶梯状差距出现在产业结构和经济的发展方面。由于梯度差距的存在，为了达到一个均衡的状态，处于优势地位的高梯度产业会得到率先发展，并不断向低梯度产业扩散。产业通过在不同梯度的转移，高梯度地区能够将弱势产业转出，而将主要精力用于发展前景较好的新兴产业。而转出产业对于低梯度区域来说可能是有发展潜力的产业，通过这种方式，不仅能够为承接地区的创新节省时间，还可以促进地区经济的发展。

综合比较以上两个理论可以看出，梯度转移理论认为产业结构状况是区域经济发展的关键所在，而地区经济部门是决定产业结构状况好坏的关键，尤其是主导产业所处的阶段。区域主导产业分别以劳动、资金、技术和知识为核心进行发展。而每个产业或产品的发展则要经历创新、成长、成熟、衰退四个阶段，一般情况下，在产品、制度、技术和管理方法方面的创新能够促进区域经济的发展，而这些创新活动的发生集中于高梯度区域。之后，依次从高梯度区域向低梯度区域扩散，如图 2 - 2 所示。因此，发达地区的首要任务是发展自己的经济，当经济逐渐趋于稳定之后开始发生产业转移，从而带动不发达地区的发展，最终达到共同发展。

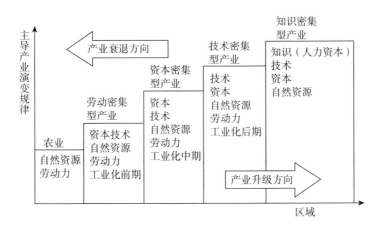

图 2 - 2 主导产业演变规律

（三）"核心—外围"理论

区域经济学家弗里德曼曾经提出了区域发展的"核心—外围"理论，该理论认为经济的发展在不同的区域有所不同，经济的发展不会同时发生在所有区域而是会形成一个核心，这个核心区域一般位于城市繁华地带，这是因为城市在工业发达程度和技术先进水平方面都存在较大的优势，除此之外，城市或城市集聚区资本集中、人口密集，经济能够快速增长。经济发展比较落后的外围区域被分为资源前沿区域和过渡区域，而过渡区域由两部分组成，分别是上过渡区域和下过渡区域。由于含有丰富的待开发资源，资源前沿区域对区域经济的发展具有极大的潜在价值，一般位于两种过渡区域之间，如图 2 - 3 所示。

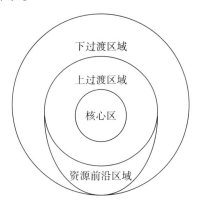

图 2 - 3　弗里德曼的"核心—外围"结构模式

该模式从内到外分别是核心区、上过渡区域、下过渡区域以及资源前沿区域，上过渡区域与核心区紧密相连并处在核心区外围，所处地理位置使得上过渡区域能够与核心区建立各种联系。这对经济的发展起到促进的作用。以劳动和资源密集型产业为主导的下过渡区域与核心区没有直接的联系，其处于相对较低的产业梯度，经济的发展比较落后。

"核心—外围"结构模式是一个封闭的系统，发展程度由内而外依次递减。一方面，外围区为核心区提供了发展经济所需的大量的生产要素，而核心区又能够在技术、材料、文化体制以及社会方面产生大量创新；另一方面，核心区的创新经过发展、成熟会逐渐向外部扩散，然后被外围区所利用，从而促进外围区的经济和社会文化的发展。通过这样一个发展过程，所有区域的经济都得到发展。"核心—外围"理论反映了区域发展的空间不平衡及其动态演化过程。

（四）新经济地理模型理论

从 20 世纪 90 年代以来，主流经济学开始关注空间作用以及空间外部性，主流经济学家认为，之前的经济学并没有将过多的精力投入空间经济问题，而只有地理学家和区域经济学家以及部分城市经济学家才关注"区位""空间经济学"等问题。他们通过对经济中的空间集聚和专业化研究发现，经济地理学是经济学的一个重要领域。一些著名的经济学家利用垄断竞争模型把距离、区位、区域等概念引入西方主流经济学的分析框架，用空间集聚、不完全竞争、外部经济以及规模收益递增等概念诠释区域（或者国家）经济发展的竞争优势，并利用萨谬尔森的"冰山"原理、博弈论以及计算机技术等分析工具，通过数学模型对其加以表达。在规模报酬递增和不完全竞争的框架下，区位理论得到新的发展。

新经济地理模型理论的观点主要体现在三个方面，分别是路径依赖、规模报酬递增和空间集聚的区位理论。关于路径依赖，新经济地理模型理论认为区域经济不会自动向最优格局发展，它有比较强的路径依赖性，某一偶然事件的发生可能会使一个地区产生产业集聚优势，而这种优势又倾向于通过自我传承而发展为长期集聚优势。通过这种方式，区域产业的发展模式得到巩固和强化，从而使经济发展呈现"好的越好，差的越差"的马太效应。与传统的规模报酬递减规律不同，新经济地理模型理论认为区域经济集聚会促进规模报酬递增的情况发生。根据新经济地理模型理论，产业和经济活动存在紧密的联系，因此其空间位置上的相互接近会形成规模经济，从而获得一定的规模报酬。而区域经济集聚是支持报酬递增的外部性因素。空间集聚的区位理论认为，在收益递增和垄断竞争市场结构的基础上，新经济地理模型理论将区域发展理论、区位理论以及贸易理论有机地结合起来，认为某些特定因素通过经济空间的自我强化而被放大，从而对经济的发展产生重大影响。

四 国内产业转移及发展趋势

我国地区产业转移主要经历了三个时期。

中国地区产业转移首次发生于新中国成立初期，当时的中国面临着帝国主义国家的禁运和全面封锁。为了应对这种情况，中国采取"进口—替代—出口"的产业转型战略，从苏联、东欧进口大量的先进技术和设备，并引进在技术和管理方面有突出成就的人才。我国产业的发展始于上海和沿海经济发达地区，转移产业主要涉及短线产品产业、基础工业和国防军工业，迁厂、调人、建新厂是其迁移的主要方式。这种产业转移完全是由政府主导而不是资源的优化配置所致，其结果表明完全的政府主导型产业转移并不是一种高效的产业转移机制。换句话说，产业转移与国家战略的结合会导致进行产业转移的一些考虑因素（如成本因素）被忽略，这并不是真正意义上的产业转移。

第二次产业转移发生在 20 世纪 90 年代初期，劳动力成本和原料价格的持续上涨逐渐削弱了劳动密集型产业的竞争力。其他国家所拥有的先进技术和低劳动成本拉大了其与中国之间的差距，中国背负着巨大的发展压力。为了改变这种力量悬殊的局面，国家提出了"东锭西移"战略，其战略的主要内容是将棉纺织业转移到劳动力成本较低且具有资源优势的区域。"东锭西移"成为国家调整和重组纺织工业的主要措施。伴随着该战略的实施，纺织设备和纺织初加工技术开始由沿海地区向新疆等地区转移。实施初期，西部地区工业和经济实力确实有明显的提高，且东、西部地区之间的差距在逐步缩小。但是，此战略的优势并没有得以充分发挥。"东锭西移"战略的提出是为促进各地区的全面发展，然而，伴随着战略的实施，产业转移虽然解决了资金和工艺技术水平的问题，但由于政策执行的监督不到位，并没有将东部的优势全部转移到西部去。

中国经济的发展步入正轨以后，国家为了改变东、中、西部地区发展不平衡的局面，提出了"中部崛起"和"西部大开发"战略。这次产业区域转移与以前有所不同，它处在中国飞速发展的经济基础上，此次产业区域转移虽说仍与国家战略相结合，但此次企业拥有较大的自主判断性，这赋予产业转移新的意义。目前，我国产业转移的移出地区主要集中在渤海湾、长三角以及珠三角等沿海地区，承接地区则集中在中、西部地区。

总的来看，我国内部产业转移已经由大范围整体迁移转向产业链部分环节的转移以及区域局部的调整。

第二节　产业安全理论

一　产业安全的定义

目前，产业安全的定义有许多代表性的观点。我们可以基于其侧重点对其定义进行分别阐述。

（1）针对不同的侧重点所提出的产业安全定义不同，从控制力来讲，产业安全是指本国的资本控制着本国的支柱产业。而杨公朴等（1999）从控制力的侧重点对产业安全有另一种定义，他们认为产业安全中的控制力表现在对国家重要经济部门的控制上。于新东（2000）对产业安全的理解是：如果能够控制某产业的创始、调整和发展，那么该产业在一定程度上就是安全的。何维达、宋胜洲（2003）对产业安全的理解是核心经济产业的发展前景和政府对其产业的控制权受到威胁的程度。

（2）产业自身的竞争能力是注重竞争力的产业安全所关注的焦点，它强调产业在受到外来冲击及威胁时所具有的应对能力。景玉琴（2005）认为，产业安全指的是其产业的生命力。夏兴国（2001）认为，产业安全是指某产业面临各种威胁所产生的抵抗能力和免疫力。

只有在面对外部威胁的同时仍能够维持均衡发展，才能够达到所谓的产业安全。从宏观角度对产业安全的定义是：政府能够采取一定的措施去规制某些产业的发展，国内的相关制度能够对市场结构和市场行为进行相应的引导。除此之外，结构合理或充满活力的产业同样也具有一定的产业安全。介于宏、微观之间的产业安全是指本国的支柱产业在开放的竞争环境中具有一定的竞争优势，大部分产业在开放的竞争环境中能够得到可持续发展。而从微观层面对产业安全进行定义则将控制的主体集中于本国国民所控制的企业。

（3）强调制造业的产业安全。雷家骕（2000）提出，因为制造业对于国家的发展起着非常重要的作用，所以产业是否安全取决于制造业是否安全。所谓制造业安全是指，一方面国内的制造业能够满足国家建设对某些制造品的需求；另一方面还要打破国内市场，向国际市场发展。评价制造业是否安全的标准是看其在国家经济体系结构中的支柱和主导性地位。

（4）强调外资的产业安全。张碧琼从外资方面对产业安全的理解是："外商的直接投资导致国家产业安全受到威胁，因为外资进入一国的经济系统以后，会利用其拥有的各方面优势对国内企业产生威胁。外商一旦控制某支柱产业，国家经济和产业安全所面临的威胁就不得而知。"

（5）强调生态的产业安全。对生态方面的产业安全，主要是对产业所面临的生态环境健康程度做一个系统的评价，评价主要从四个维度入手，分别是产业的活力指标、恢复力指标、结构指标以及综合指标。通过这四个维度的评价，能够为产业安全提供一个统一的评价标准。

二 产业安全理论框架

早期的产业安全实践抽象和升华出来的一种产业安全理论涵盖了产业安全的定义、特征以及影响因素，但这种理论涵盖面较窄，无法适应日趋复杂的经济现象，因此很多问题的解决都无从下手；而针对产业损害理论，学术界和 WTO 都有过相应的研究，但其研究侧重于进口国产业受外来产品倾销行为的损害程度，研究范围过窄。产业国际竞争力理论，源于波特的钻石模型，它从产业内生竞争力的提高方面展开研究。李孟刚（2006）在前人的基础上进行总结，从五个角度，运用不同的方法构建了一套完整的产业安全理论体系（见图 2-4）。

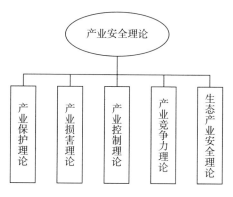

图 2-4　产业安全理论体系

（一）产业保护理论

产业保护理论是比较早且发展比较成熟的产业安全理论之一。它从四个方面来研究产业安全问题，这四个方面分别是产业保护手段、程度、效果以及对象。

根据产业领域差异将产业保护分为三种类型，这三种保护分别针对的是幼稚产业型、结构衰落型和高度发达型。结构衰落型产业保护指的是国家在产业结构改革或科技发展的过程中对弱势产业的保护，也包括在工业化前后对农业的保护。幼稚产业型保护，是指落后国家对面临激烈竞争且正在发展中的产业进行的保护。高度发达型产业保护则主要是对战略产业的保护，所谓战略产业是指出于战略的考虑对国家的优势产业进行保护。

根据保护效果不同将产业保护分为正保护、零保护和负保护。产业正保护，顾名思义就是产业保护的收益大于成本，这对于资源的合理配置以及经济的发展具有重要意义；第二种是产业零保护，也就是收益与成本相当，处于一种不赚不赔的状况；第三种是产业负保护或消极保护，也就是对产业实施保护所得到的收益不足以支付其成本，在这种情况下，资源配置效率为负。

而根据保护程度的不同又可以将产业保护划分为三种类型：一般性产业保护、中度性产业保护和深度性产业保护。减免相关产业的企业的税费是实现一般性产业保护的主要方式；对相关产业的企业既减免税费又进行收益性补贴是中度性产业保护的主要手段；深度性产业保护指的是因存在生存危机而连最基本的投资收益都无法得到保障，除此之外，还要承担非工作性成本，因此不需要向社会缴纳税费。另外，根据产业经济学的理论研究和分析框架，可以将产业保护分为结构、政策、布局和组织四个方面的安全维护。

（二）产业损害理论

产业损害理论是研究进口国产业受倾销产品损害的程度。该理论的基本理论是对被倾销国家受倾销产品的损害及其程度要有一个准确的判断。

要想从激烈的竞争中脱颖而出，必须要建立一套完善的产业损害调查机制。而对产业损害理论的研究能够帮助一个国家应对国际贸易中的反倾销裁定，从而最大限度地防范和减少其造成损失。只有这样，才能为本国的发展创造一个良好的外部环境，使其能够有效地保护其外贸利益，避免其国内产业遭受非正当竞争的威胁。

（三）产业控制理论

东道主产业是否处于安全状态由本国资本对其产业的掌控能力来反映，这是产业控制理论的内涵，其理论主要用来研究东道主和外资的产业控制力。而资本对产业掌控力主要是通过外资对本国产业的掌控力程度来表示。从产业安全来看产业控制理论，我们能够看出，外资控制力和东道国控制力是一种零和博弈关系，因此，产业控制理论本质是两种力量的对决。理论上讲，如果外资产业控制力过大，则会导致本国产业出现安全问题；如果东道主在许多方面都由外资所控制，那么其产业将面临很大的安全问题。因此，产业控制的基本内容应该包括对技术、股权、市场、品牌、经营决策权等方面的控制，除此之外还包括受控制企业外资国别集中度以及某个重要企业受外资的控制等，用控制率来表示外资控制程度。

（四）产业竞争力理论

某些不具有竞争力的产业能够得到暂时而非长久的保护，这就是产业保护的有限性。要想使产业得到长久的保护，应从提升产业国际竞争力入手。产业是否安全取决于产业是否具有竞争力，而产业是否具有竞争力又取决于产品或企业是否具有竞争力。竞争优势的形成以及发挥是产业竞争力的主要内容。换句话说，产业竞争力是某一产业在市场竞争中处于有利的地位，这有利于产业的发展和壮大。

在产业竞争力方面，比较经典的理论来源于美国哈佛商学院教授迈克尔·波特。在著作中，他没有对"产业竞争力"进行定义，而是从产业和企业的角度去看待国家竞争力的问题。他认为，一个国家是否具有竞争力取决于其产品是否具有竞争力。而国家的宏观环境又决定了产业和企业的竞争优势。他在《国家竞争优势》一书中对位于10个国家的上百种产业的发展历史进行研究，归纳分析出了国家如何在特定领域建立竞争优势的著名的"钻石体系"。从产业竞争优势的形成来看，国际竞争力的形成更依赖于企业的创新能力和策略行为。在波特的钻石理论中，"钻石模型"的形成依赖于六个要素之间的彼此互动。然而，在开放市场的条件下，这六种因素同样影响着产业安全。这充分说明了产业安全和产业国际竞争方面存在紧密的关联性，所以，解决产业的安全生存和发展问题的最主要办法还是靠产业国际竞争力的不断提升。产业竞争力理论的机理如图 2 - 5 所示。

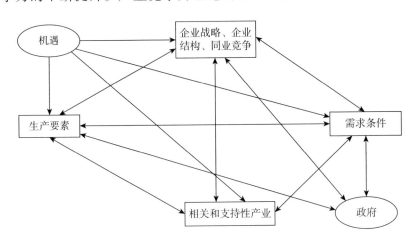

图 2 - 5　产业竞争力理论的机理

（五）生态产业安全理论

生态系统中生物与环境之间数与质的关系构成了生态结构。而经济系统内经济要素之间数与质的关系构成了经济结构。生态经济结构理论通过对这两方面的研究来发现二者之间的相互关系，从而为研究经济活动对生态环境所造成的影响奠定理论基础。

描述生态环境与经济活动关系的另一种理论是生态足迹理论。该理论将人类的一切消费及生产的废物都转化成为"生产或吸收这些物质与能量的生态性面积和水域面积"，然后对比生态系统所提供的"生态足迹"（SEF）与"人类生态足迹"（DEF）的需求大小。如果生态足迹大于人类生态足迹，则说明生态系统还处于压力承受范围之内；反之则说明生态系统已经处于压力承受范围之外了。如果生态足迹小于人类生态足迹，则人们会通过其他方式来满足自身的需求，比如进口外地产品服务或者过度开发本地资源。而这两种方式会产生负外部效应，不仅会危害到本地的生态系统，还会危害到经济的可持续发展。在这种情况下，经济结构需要进行调整。

除此之外，可持续发展理论和循环经济理论也是对生态和经济之间关系的研究。循环经济理论由环境保护运动发展而来，该理论认为，人类具有模仿自然生态系统的能力，因此我们可以根据自然生态系统的机理来构造经济系统。这不仅有助于我们构建一个合理的经济系统，还可以将经济与生态融为一体，从而得到更为和谐的生态经济关系。可持续发展理论也是研究经济与生态关系的理论之一，然而，与其他研究不同的是，其主要研究的重点在于经济发展的质量和时间维度。可持续发展理论有两个内涵：一是经济的发展应建立在维持时间维度的发展的基础上；二是在不影响后代对资源的需要的基础上发展经济。

三　产业安全评价体系

产业安全评价是通过实证研究而形成的一种产业安全理论，产业安全的评价离不开一套完整的评价体系，因此该评价体系的设计方法和原则也是我们应该先确定的。评价一级指标要根据所设定的原则来选定，然后从评价角度入手寻找与这些指标相关且可测量的维度，以此建立一个完整的产业安全评价体系。产业安全评价将产业安全进行量化，这种方法全面科学地对产业所面临的安全问题进行准确的评价，以此为如何保障产业安全提供必要的支持和最为合理的对策建议，亦即评价。

创建一、二级指标，所有的系统都具有整体的形态、结构、边界和功能等，而各部分的简单加和并不是系统的整体，各部分简单加和所没有的系统性在系统的整体上便可体现出来。除此之外，等级性也是系统的特点，多个不同的子系统方能构成系统。不同的子系统组成整个系统后，系统本身会具有子系统所不具备的功能，而不是其简单的加和。因此，根据产业安全的几大主要影响因素来设计指标体系的基本结构是在构造产业安全评价体系时的首要工作，然后用整理描述出来的各影响因素的具体指标来进一步填充一级指标，从而形成二级指标和二者之间的逻辑关系（见图2-6）。

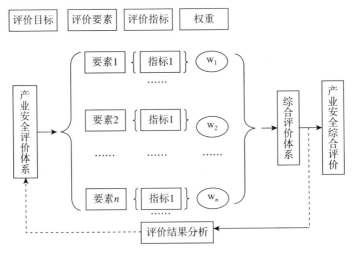

图2-6 产业安全评价体系

在选择影响指标方面有着多种渠道和方法。我们可以借鉴和引用国内外已有的对产业安全及其关联性指标的研究成果，此外，许多经过处理的产业竞争力和反映经济安全的一些指标，也可以作为反映产业安全的指标。考虑到产业安全主要取决于产业竞争力的强弱，而不是简单的产业保护，因此，我们借助对产业竞争力的评价来衡量产业的安全程度。被公认为国际上最具权威性的方法之一的瑞士IMD（International Institute for Management Development，IMD）建立的有关竞争力的评价方法，包含用来描述产业竞争力的四大指标体系，分别是基础设施和企业效率、经济运行、政府效率以及社会系统，而对产业安全的评价就依赖于以上指标。此外，一些调查或统计数据也被加入评价体系供其参考。WEF国际竞争力评估体系——瑞士世界经济论坛（World Economic Forum，WEF）创立的一种主要利用问卷调查的结果和一些较宏观的经济数据进行分析的评估体系，也具有一定的权威性和可信度。以 2000 年的指标作为对比，WEF 使用了 169 个指标，其中宏观数据为 39 个；IMD 使用了 290 个指标，其中有 180 个经济数据的硬指标。为增强整个体系的针对性，本书通过参考这两种较权威的竞争力评估体系，结合国际机构发布的权威数据和《中国经济统计年鉴》《中国统计年鉴》等官方统计数据，选出了 20 多个能够充分反映产业安全现状的指标。

有学者将发展权、创始权和调整权作为衡量产业安全与否的三大标准。如果一个国家的某产业能够掌控和控制这三方面中的任何一个，那么该产业在这个国家就处于安全的状态。而从动态的发展角度来看，发展权可能处在最为关键的位置。任何一个单位在进行产业安全评价时，都要从这三个方面去综合地把握和评价，除此之外，还要以历史、现状和未来的发展作为出发点去具体地把握，要进行综合的考虑，不能也不得将时间的连续性割裂。

此外，一套评价产业安全的比较全面的指标体系也被一些学者建立。该指标体系有四大类指标，23 个小指标。四大类指标分别在发展环境、控制力、国际竞争力以及对外依存度方面进行评价。其中，产业对外依存度大类指标又分别对资本、出口、技术和进口四个维度的对外依存程度进行评价。该指标体系还将产业指标安全状态分为危机、不安全、基本安全和安全四种基本状态，相应的安全等级为 D、C、B、A，并分别给四种状态规定不同的分数范围，即：$[80, 100]$，$[50, 80)$，$[20, 50)$，$[0, 20)$，分数越低越安全。产业国际竞争力的衡量指标体现在六个方面，分别是产业的世界市场份额、国内市场份额、产业国际竞争力指数、产业 R&D 费用、产业集中度以及价格比等 6 个指标。产业控制力包括外资技术控制率、受控制的企业外资国别集中度、外资品牌的拥有率、外资股权的控制率和市场的控制力共 5 个指标。产业发展环境包括资本成本、劳动力成本、资本效率、需求增长率、劳动力素质、制度环境状况、供给产业状况和产业损害状况，共 8 个小指标。

第三节　相关文献综述

一　国内外关于产业转移的研究

研究产业转移与该产业发展以及地区经济之间的关系，并对转移效果进行评估，这些内容是我国关于产业转移研究的重点所在。而引起产业转移的原因，是早期有关产业转移研究的主要内容，国外关于这方面的研究成果较多，因此产业转移基础理论的诞生也来源于国外。

（一）我国关于产业转移的研究

受历史发展和中国特有制度的发展所限，国内对产业转移的研究起步较晚，对国外产业转移理论的学习和借鉴是最开始研究的主要内容。随着经济全球化和我国在国际上的影响力越来越大，我国关于产业转移的研究也不再是简单的学习和借鉴，而是结合自身的发展，开始实证研究产业转移的原因以及产业转移与经济发展和产业发展的关系，这样的转变意义重大。

我国学者夏禹龙和何钟秀等在克鲁默和海特的区域发展梯度转移理论的基础上，经过结合实际的不断研究，提出了区域发展梯度转移理论，也是适合我国经济发展需要的一套理论。区域发展梯度转移理论是指，经济技术在世界各地的发展不尽相同，各区域经济技术的发展水平形成一个梯度，梯度的存在为经济的发展提供了一定的空间，技术水平和生产力会自发地从高梯度向低梯度扩散和转移，通过技术水平和生产力的不断扩散，低梯度的发展速度日益加快，地区之间的差距在逐渐缩小，从而形成相对制衡的竞争局面。这一战略理论随即在我国成为影响最为广泛、深远的理论，其认为不同区域在经济技术方面存在梯度差异，而处于高梯度的区域往往是较为发达的地区，大量创新活动在这个区域发生，而每次创新都能够明显地提升经济的发展速度，提高经济的发展水平。当高梯度发达区域经济得到较为充分的发展之后，其技术和创新会根据产品周期循环的顺序向次发达区域转移和扩散，从而带动该地区经济的进一步发展。

也有大量研究从实证的角度出发，通过实证研究进行较为客观的产业转移分析。李小健用实证研究分析了产业转移发生的原因。他从区域基础、国家政策、发展战略等因素方面进行分析，认为东部地区产业结构的高级化将导致一些传统产业向其他欠发达地区转移。王先庆认为，导致产业转移的因素主要有两个：一个是由经济发展差异所带来的利益差异；另一个则是由地理区域差异所导致的各地区不同的成长差异。这二者的相互影响使得不同地区的产业发展存在较大的差异。前者在很大程度上引导了产业向收益最大化的地区转移，而后者则决定了地区的定位。陈刚等学者认为，发生产业转移的主体是发达地区不景气或处于衰退状态的产业，这些产业在发达区域失去了发展优势，但并没有失去绝对的发展优势，也就是说，有了更适合其产业发展的区域以后就会发生产业转移。陈建军认为地区之间发生产业转移最基本的条件是两地区之间具有较为密切的经济联系，因为毕竟经济联系的主要媒介是产品和要素的流动。

关于产业承接地的研究，我国学者冯超的观点是，承接产业转移有利于加速经济发展，因为作为新产业输入的接收区域，如我国长三角和珠三角地区，在经济全球化的大趋势下，其发展正得益于承接国际产业转移。我国学者刘珂认为产业集群的升级能加快承接产业转移的进程，而承接产业转移又可以使资源得到充分配置，从而与产业转出地区相互补充和利用。

关于产业转移效果的研究，我国学者余国琴认为在开放经济条件下产业的转移完全可以促进产业升级。举例说明，正是因为不断接收美国和日本等发达国家自身已失去比较优势的产业，东亚地区实现了20世纪60年代以后的产业升级。这种产业转移和升级是先后以劳动、资本以及技术为中心的发展顺序进行的，这得到了国内多位学者的证实。例如，我国学者陆冰蕊、王虹、张凯华等分别从产业的产品结构、内部结构、组织结构、支柱产业以及产业布局五个方面进行调整，较为系统地解释了如何通过产业转移的承接来促进产业结构优化升级。他们认为，在对转移的产业进行承接时，新的技术与管理方式以及大量投资资金的涌入使承接地区原有的产业受到一定程度的冲击，产业结构的改革和升级应运而生。这一方面能够使其产业的规模相应地发展壮大；另一方面能够促进其产业结构朝着多元化方向发展，从而更好地满足市场的合理需求和促进产业结构的优化升级。张公魁也认为合理的产业转移会提高整体的竞争力，并促进区域产业优化升级。通过区域内优势产业的转入以及失去竞争优势的产业的转出，该地区的产业实现一次换血，注入新鲜的血液，从而能够保持持久的竞争力。冯超认为，如果能够将不同的产业分别集中在对其有利的区域进行发展，优势发达区域主要用来发展高技术创新的产业，而处于相对弱势的区域则可以用来发展较为传统的产业，合理分工以及产业的转移使得各产业适得其所，从而各个产业都能够得到充分的发展。产业转移是将产能从一个区域向另一个区域转移，而不是转化，正如能量守恒定律一样，产业转移并不会增加产能的总量，因为总量是一定的，此外，产业转移必然伴随着企业扩张和跨区域投资，因此产业转移不会导致新的重复建设和产能过剩问题。我国学者李丽认为产业转移能够促进区域分工的进一步发展，并不是所有的产业都能够发生转移，并且产业转移也不是在任何区域都可以进行，其要根据一个地区的资源和生产要素以及所处的经济环境是否利于某产业的充分发展而决定。根据利益导向和有效发展的原则对产业进行转移，其依据的是区域分工。通过区域分工，物尽其用，人尽其才，从而在区域内实现了资源配置的优化。我国学者刘毅和周春山分别运用 GIS 空间分析和数量模型等手段，从县级、地级市和区域三个不同角度入手，对广东省发生产业转移的参考因素以及对经济差异产生的影响做了简要分析，分析结果表明广东省各个层面的经济差异都会比较明显地受到产业转移的影响，但是其影响一般比较滞后，除此之外，也对经济差异的缩小起到了一定的作用。傅允生通过研究产业转移和劳动力回流在我国东部沿海地区与中西部地区之间产生的现象，认为国内地区经济发展的协同效应是由产业转移与劳动力回流形成的，这两者也有效促进了区域经济的协调发展。孙启明等从产业转移和企业迁移的两个角度系统探讨了区域经济变动和区域间经济同步化的动力。他们认为产业转移是经济发展过程中必然要经历的过程，其能够推动区域之间的经济同步化和经济波动；影响企业迁移的因素包括区域经济水平、产业和企业自身的资源禀赋、区域空间容量、区域间竞争性政策等。而良性的企业迁移、产业转移在有利于在全国范围内实现资源的有效配置的同时，会带来资源要素的大规模流动，最终促进整体经济的快速发展。

（二）国外关于产业转移的研究

20 世纪 30 年代，国外开始出现研究产业转移的理论，比如早期的古典贸易理论。研究初期，多数人将不同地区的发展优势作为进行产业转移的基础，并提出不同国家之间国际贸易地位所发生的变化为产业转移提供了发展的条件，通过研究国家层面的产业转移来形成产业转移理论。比较经典且有概括性的研究成果包括边际产业扩张理论、"雁行模式"理论、梯度转移理论、产品生命周期理论，这些理论作为最初的探索成果，对产业转移后来的研究是一笔珍贵的财富。

综上所述，产业转移发生的原因是多方面且多因素的，其中包括比较优势、要素禀赋以及国家政策等。

1. 比较优势

小岛清（Kiyoshi Kojima）在有关"边际产业转移论"的阐述中指出，投资追求的是投资回报率，投资不足和过度投资都是一种无效率的投资，因此投资之前，需要对投资收益和投资成本进行比较权衡。除此之外，投资还注重利益最大化，以及在众多投资项目中选择利益最大者进行投资，因此，对外直接投资要建立在对成本的分析之上。在此基础上，按照产业边际最小的顺序依次进行，通过产业空间移动的方式来回避产业劣势或者说扩张边际产业。日本经济学家赤松要从侧面分析了产业跨国梯度转移的影响因素，他认为处于工业化初期阶段的国家由于经济和技术的相对落后，出于自身发展的考虑，为了引进发达国家的新产品和新技术，必须开放国内某些工业产品的市场，通过开放的市场使新技术在国内得到发展，并将新技术与本国所拥有的优势结合起来，从而达到一个新的发展高度。

2. 要素禀赋

发展经济学家劳尔·普雷维什（Raul Prebiseh）认为，尽管用国内工业化替代大量进口工业品的进口替代战略是发展中国家出于发展压力而被迫实行的，但这恰恰也是导致产业发生转移的源头。他利用贸易保护主义理论，对国家行为对国际产业转移的影响进行了分析。穆尔等人通过对英国在 1960～1981 年发生的产业转移进行研究，提出受援地区吸引投资的优惠条件、受援地区的工资补贴以及在非受援地区的限制企业布局政策对产业转移同样起到很大作用。泰勒等人通过建立产业转移的时间系列模型将其过程分为两个阶段，国家投资在总的产业转移中起着决定性作用，而反映区位经济优势的要素组合则在决定产业转移的空间分布中占据主导地位。

3. 国家政策

阿瑟·刘易斯（William Arthur Lewis）早期研究了第二次世界大

战之后部分产业的转移，从发展经济学的角度来看，第二次世界大战之后人口的近零增长与工业的迅速发展形成鲜明的对比，这不可避免地导致非熟练劳动力的缺乏，也间接地推动了后期的产业转移。第二次世界大战在人口方面造成的巨大损失，对劳动密集型产业的影响程度最大，因此，劳动密集型产业可能会向劳动力较为充裕的地区转移。

进入 21 世纪，国外对通过实证研究评估产业转移效果的研究比较多。在美国，产业转移对形成产业集群的结论的产生也是相当有利的。此外，英国学者波特（Porter）提出了集聚经济理论，该理论涵盖了观念更新、技术溢出、结构优化以及竞争优势四个维度的效应。他认为产业的空间集聚不仅会带来技术溢出等外在优势，而且会带来产业的自然优势，对跨国公司的对外直接投资也具有较强的吸引力。美国学者史密斯和弗洛丽达（Smith，D. F. Jr. and Florida，R.）认为产业转移能实现价值链效应，通过产业转移的带动作用，可以使产业集群由低技术含量、低附加值的生产环节向高技术含量、高附加值的环节发展，从而改变全球产业链中承接地区产业集群的地位，使产业集群从价值链的低端向价值链的高端发展，而且能够带动产业集群从一条产业链向更高级的产业链条转换，最终实现产业集群的价值链升级。

（三）国内外产业转移研究的比较与启示

与国内研究相比，国外针对产业转移的研究已经接近系统化和全面化，并且在各方面都进行了深入的研究。许多基于对当时社会经济问题的分析而创立的理论，以及对产业转移的一般规律和原因等进行的比较深入的研究，都是产业研究领域较为先进的成果，但其在基础理论和现象描述的理论方面仍没有实质性的突破。我国关于产业转移的研究虽然起步相对较晚，但在已经进行的产业转移的相关研究中，仍然能遇到一些共性问题，如下所述。

第一，由于产业转移是一种经济现象，因此，经济因素对产业转移的影响成为大多数人研究的对象，这导致了对其他方面影响因素的忽略。然而，除了经济因素以外，政府决策和社会演化习俗也会在一定程度上影响产业转移，本书在此基础上增加了政府调控在京津冀产业转移中的推动作用。

第二，大量研究将关注的焦点放在对转移现象的描述，以及在已经发生的产业转移基础上对造成此现象的种种分析的解释上，而没有从未发生产业转移的角度去预测产业转移的发生，以及阐述将要发生的产业转移的内在机理。本书改进了产业转移梯度系数，预测了京津冀地区产业转入和转出的具体行业。

第三，目前对产业转移的研究文献中，忽视了生态环境对产业转移的影响，本书在综合评价指标体系中增加了生态环境方面的评价指标。

二　国内外关于都市经济圈的研究

(一) 国外关于都市经济圈的研究

"大都市圈""大都市区"概念的提出是国外关于都市经济圈的研究的源头。1910年，美国某研究者提出，同时具备人口、经济、社会联系三大中心的地区是大都市区，这是"大都市区"这个名词第一次出现。而在1950年，日本又提出了另一个名词，即"大都市圈"，并将大都市圈解释为中心都市及其周边地区所构成的区域。在早期，对判断一个地区是否是大都市圈的标准研究得比较多。日本学者最早提出形成大都市圈的基本组成是人口在10万以上的中心都市及其周边区域。法国著名学者戈特曼（Jean Gottmann）对判断标准做了详细的研究。他提出，形成大都市圈（Megalopolis）的基本条件和标准有五个：①大都市圈区域内要有比较密集的城市，具有高度密集的构成要素；②核心城市由联系方便的交通走廊连接，各都市区之间有较为密切的联系，外观上则表现为市街区大片地连在一起；③大都市圈中的都市不仅是各大城市的中心，还必须与外围区域建立紧密的联系；④属于国家的核心区域，同时具备国际交往枢纽的作用；⑤人口的规模必须达到一定程度，至少在 2500 万人以上。根据以往的发展，各个国家的首都会比较容易形成大都市圈，这也称为城市经济圈。日本由于在东京经济圈方面研究得比较多，因此对城市经济圈方面的关注比较多，从而也形成了不少关于城市经济圈的研究成果。东京都市圈内部的产业结构会受到多方面因素的影响，包括该城市人口的流动比率、城市建设规划以及产业的集聚情况，通过多种因素的影响建立起紧密的联系。此外，也有学者针对法国巴黎提出了巴黎经济圈，该学者将侧重点放在了对区域规划和经济圈优势的分析上，认为巴黎经济圈的形成在促进当地经济增长的同时，有利于资源的整合利用。综观全球，大多数国家都是以首都作为经济发展的核心地带，通过各方面资源的整合形成以首都为核心的城市经济圈。通过这种方式，不仅可以促进首都地区经济的增长和资源的充分利用，带动非首都其他地区经济的发展，为其他地区形成带头作用，而且还可以有效地缓解首都城市由于功能产业、人口过度集聚而带来的城市和社会问题，从而提升首都城市的综合服务功能，使可持续发展的思想得到贯彻实施。

（二）我国关于都市经济圈的研究

相对国外对都市经济圈的研究，我国对其的研究则较晚，大多数集中于 21 世纪，这也与我国近几年城镇化率的稳步提升有关。胡序威、周一星（2000）以一个地区的非农业人口作为都市区的衡量标准，并对都市区外围县（市）做了如下规定：①从事非农经济活动的总量占全县（或县级市）社会劳动总量的 60% 以上；②非农业的 GDP 占全县（或县级市）GDP 的 75% 以上。根据此标准，中国可划分为长三角、珠三角、京津唐和辽中南四个大都市区。顾朝林等（1999）则将关注的重心放在城市与外围地区所建立的紧密联系上，强调通过城市中心与外围区域的协调配合形成空间层次分明且区域分工明确的大型地域综合体。王建（2005）则提出通过中国地形来划分大都市区的观点。他认为，未来中国可以以120公里的半径、4万~5万平方公里的覆盖面积以及5000万的人口规模为标准在东、中平原地区建立20个都市圈。爱德华·李孟针对中国的大都市区在三个方面分别提出了标准，这三个方面包括非农人口的数量、对外围区域的溢出效应以及地理面积上的要求。

对京津冀经济圈的研究表明，目前京津冀经济圈包含的地区有北京、天津、河北，但随着经济的发展，这个范围有可能扩大。对京津冀地区的规划目的是想通过资源的整合建立一个以北京为首的城市经济区，从而发挥其龙头作用，带动整体经济的共同发展，早日实现区域共同富裕的目标。京津冀经济圈是在"十二五"规划中被提出的，并由此成为国家发展战略中的一部分。在此之前，有关京津冀区域的研究内容主要集中在该区域经济发展的差异上，观点也是仁者见仁，智者见智。清华大学吴良镛教授主张调整区域空间格局，认为区域空间结构不够合理在一定程度上制约了京津冀地区经济的发展。北京大学杨开忠教授则认为，产业不具备竞争优势、制造业偏多、缺乏创新是阻碍京津冀地区经济发展的主要原因。南开大学周立群教授认为，京津冀地区产业过于集中，分散的程度很小，产业在该地区的积累使得不同地区之间产生差异；而产业的集中对于经济发展并不是有利无害的，不同发展层次的产业都集中在同一个区域，就会形成一种局面，即不具备地区优势的产业出不来，拥有地区优势的产业进不去，这在一定程度上阻碍了产业和地区经济的发展。因此，重新规划区域发展战略对于京津冀区域经济的发展有着巨大的推动作用。随着我国"京津冀经济圈"概念的提出和各地政府规划的出台，京津冀经济圈范围的制定已然被提上了日程，不可避免地成为学术界关注的焦点。对该地区范围的制定有四个方案，分别是"2＋5""2＋7""2＋8""2＋11"。"2＋5"方案，即北京、天津加上河北的承德、秦皇岛、唐山、张家口、保定。"2＋7"方案，即北京、天津加上河北的承德、秦皇岛、唐山、张家口、保定、廊坊、沧州。此方案由北大教授杨开忠提出，并得到大家的一致认可，因此成为学术界比较推崇的方案。"2＋8"方案，即北京、天津加上河北的承德、秦皇岛、保定、廊坊、唐山、张家口、沧州、石家庄。这与之前的"京津冀都市圈区域规划"所划定的区域范围相同。"2＋11"方案，即北京、天津加上河北的承德、秦皇岛、廊坊、沧州、唐山、张家口、保定、石家庄、邢台、衡水、邯郸。

要想方案能够有效地实施，需要先对其进行规划。到现在为止，在京津冀经济圈方面研究比较多的是对不同地区经济发展差异的描述，而对于如何通过推动产业转移来解决当前的发展不平衡问题，研究得并不是太多。

由于某一地区的资源配置发生了变化，对地区资源依赖性强的产业也会发生相应的变化，因此如果资源依赖型产业不发生相应的变化，那么其将面临被淘汰的威胁。该地区某资源的增多或减少会造成资源依赖型产业的转入或转出，这就是产业转移的本质，产业转移不是一个简单的产业迁移过程，而是随资源配置的变化而发生的有规律的经济活动。通过产业转移行为，不仅可以使资源得到有效的配置，还会使产业集中于有利于自身发展的区域，从而形成明确的区域分工。对于产业承接方来说，产业的转入一方面能够调整该地区的产业结构，使其更加合理化；除此之外，转入的产业在该地区有一定的发展优势，这对于经济的发展以及产业升级具有重要的推动作用，并能够实现经济发展转型，促进共同发展，从而缩小相对欠发达地区与发达地区在经济方面存在的差异，实现互利共赢。由此可见，产业转移是承接方学习转出方先进经验、实现经济快速发展的最佳路径，也是遵循经济发展客观规律的历史趋势。对京津冀地区的经济研究，多是从经济差异角度入手，而从产业转移角度入手来促进地区之间共同发展的研究则凤毛麟角。此外，"京津冀经济圈"的概念暂时还不能被大家所理解和熟知，因此，在这方面的很多研究都还不太成熟。然而随着经济的快速发展，国家经济正处于转型期，如何对产业结构进行改革是目前正在研究的内容。为了扬长避短，使自己的优势产业得到不断发展，需要通过产业转移将自己的弱势产业转出去，从而有更大的空间来发展优势产业，而外围地区则可以根据自己的地区特色承接对自己来说具有优势的产业来促进自身的发展。因此，对地区产业转移和产业发展路径的研究和探讨是很有必要的。

本书是想通过研究产业转移来解决京津冀经济圈所面临的产业发展问题，加速各地区之间产业的结构调整和升级，实现各产业在各地区之间的合理发展和共存，从而促进经济协调发展，不断加强整体竞争力。

三 产业转移影响评价的研究

(一) 产业安全问题的成因

重商主义中的贸易理论最早是与产业安全问题有关的内容研究。在历史上，英国最早展开工业化进程，国际贸易逐渐开始盛行，这时便产生了保护民族经济的问题，这最早是由著名古典经济学家亚当·斯密从国防安全的角度提出的。亚当·斯密认为为了保障本国船舶企业的发展，使其处于全国垄断地位，应当对外国的船舶收取重税，这在后来被人们命名为"国防需要论"。人们普遍都接受了这样的观点，就是以国防安全的名义对产业实施保护，从而制定一套有利于产业发展的保护政策。有很多方面的原因都会威胁到产业安全，目前人们普遍认为的原因有投资自由化及贸易自由化、外商直接投资控制、国际竞争力薄弱、制度非均衡等。

中国产业安全的成因也来自方方面面，国内很多学者利用换位思考的思维方式，通过外资来研究中国产业所面临的安全问题。研究发现，外商投资企业会利用其自身的各种优势影响中国产业安全，包括在管理、资金和技术等各方面，进而会利用各种方式控制国家的某些重要产业。此外，还有一些学者对外资所造成的影响有另外的理解，那就是外资企业通常会使用三大手段对中国产业安全产生影响，三大手段分别为市场控制、技术控制和品牌控制，这些手段的使用会对接受国造成很大的影响，产生包括国家宏观调控能力下降、产业结构失衡加剧等问题，这些问题对产业安全造成的影响不容忽视。

也有部分学者持有的观点是，制度不均衡是中国产业问题的根本原因（邵亚良、王瑛，2005；张立、王学人，2005）。在经济全球化的时代背景下，中国产业的制度需求在比较复杂的环境中形成，是社会不断发展的产物。虽然影响产业发展的主要阻碍得到了解决，但仍然存在很多方面的问题，例如旧制度惯性、传统的改革思路，这些问题如果不能一一得到解决，那么经济的发展将很难保持持续稳定的增长。在早期中国已经开展了关于经济发展新制度的供给工作，但由于各方面困难重重，使得新制度无法顺利推行，这直接造成了中国产业安全严重的供需失衡状态。

国际竞争力、投资自由化、贸易自由化、国内体制这四个方面对于中国产业安全的影响也受到了一些学者的关注（赵广林，2000；张中山、李冬梅，2006）。下面分别从这四个方面进行一一说明。首先在国际竞争力方面，这方面的原因主要来自经济全球化，全球竞争是任何一个企业都不可避免的问题，所有国家产业都要经受国内外的各种竞争压力，都要直接或间接地参与全球竞争，较强的国际竞争力是一个企业走向国际市场的必备条件。其次是投资自由化方面，外商以其特有的优势（如拥有资本、技术生产要素以及管理经验等）来控制东道主国家的产业，进而便会引发产业安全问题。再次考虑贸易自由化的问题，贸易自由化导致产业安全问题主要在两个方面：一是开展贸易相关投资活动，将会严重挤压国内产业的市场份额；二是外商会通过服务及商品贸易来进行产业扩张，抢占国内市场，进而产生产业安全问题。最后从国内体制进行分析，世贸组织贸易体制与东道国国内体制存在很大差异，东道国仍需进行不断的修改完善，尤其是在部分垄断产业的管理体制和贸易体制方面，只有通过不断完善，才能建立起与世贸组织接轨的一整套更加安全、成熟的经济体制，并且同时建立起相应的法律法规和政策框架。

（二）产业转移影响评价

陈刚（2001）提出一种产业转移效应评价模型，该模型以 C - D 生产函数为基础，如图 2 - 7 所示。它以产业转移进入承接地的前后生产函数发生的变化为基础，计算推导出由于转移产业的进入将会带来的额外收支的函数表达式，以此计算结果对产业转移的效应进行评价。除此之外，应用该模型进一步推导分析，细化产业转移效应，将产业转移效应分为四个维度，分别为产业的"关联效应"、产业结构的"优化效应"、就业的"扩大效应"和环境方面的"影响优化"效应。此模型已经成为现阶段一些产业转移评价指标体系的基础，以这四种效应指标为基础可形成不同的评价指标体系，用以评价产业转移的效应。

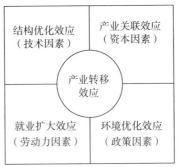

图 2 - 7 基于 C - D 生产函数的产业转移效应评价体系

利用系统方法论的原理，安增军和汪瑞对产业转移内涵和效应进行了剖析，在此基础上将产业效应划分为七个维度，从而构建了一套涵盖 14 个二级指标体系的产业转移评价指标体系（见表 2 - 1）。

表 2 - 1　区域产业转移效应评价指标体系

一级指标	指标维度	二级指标
生产要素注入效应	资本	转移产业投资额
	知识	每万人拥有科技工作者人数
技术溢出效应	技术进步	专利指数
	技术产出	高新技术产业产值
关联带动效应	纵向关联带动	感应系数
	旁向关联带动	影响力系数
优势升级效应	产品流程	基础产业超前系数
	产业贡献	规模以上工业增加值
结构优化效应	供需结构优化	霍夫曼系数
	国际投资结构优化	三次产业结构比例
就业扩大效应	就业	城镇就业率
	工资	就业人员平均劳动报酬增长率
环境影响效应	能源消耗量	转移产业单位产值能耗
	环境污染	单位 GDP 二氧化碳排放量

安增军、杨敏（2012）对海峡两岸产业转移效应进行了研究分析，将海峡两岸转移效应分为正效应和负效应两个方面，资源整合、产业升级以及市场扩张等属于正效应，而环境污染等则属于负效应，从这四个效应角度提取出具体的 11 个评价指标，并用网络分析法（ANP）来确定每部分的权重以展开产业转移效应的综合评价。具体内容如表 2 -2 所示。

表 2 - 2   两岸产业转移效应评价指标体系

一级指标	二级指标	指标解释	指标来源
产业发展关联	对外贸易总额	反映两岸产业转移促进两岸对外贸易发展程度	资本因素
	转移企业增加数	反映两岸产业转移带来的相关企业数量增加	
	转移产业增加值	反映两岸产业转移带动相关产业发展的关系	
劳动力整合	增加就业人数	反映两岸产业转移吸纳或整合的从业人员数量	劳动力因素
	就业人员学历结构	反映两岸产业转移吸纳或整合的从业人员质量	
产业结构优化	三次产业结构比	反映两岸产业转移优化产业结构的合理性	技术因素
	高新技术产业产值占比	反映两岸产业转移带来的技术溢出效应	
	霍夫曼系数	反映两岸产业转移促进工业结构演进的高度化	
环境效益变化	单位产值能耗	反映两岸产业转移带来的资源耗费程度	政策因素
	单位 GDP 二氧化碳排放量	反映两岸产业转移带来的环境污染程度	
	产业区道路网密度	反映两岸产业转移对交通基础设施的改善	

产业转移所带来的影响及其效应是来自多个方面并且十分复杂的，它不是一个简单的过程。其中关于产业安全理论研究的一个十分重要的问题就是产业转移对其结构造成的影响。目前已经有很多文献在产业转移对承接地的正面效应问题上进行了深入的讨论研究，其讨论的主要内容主要集中在产业结构升级、区域经济发展、技术溢出、就业状况、产业关联等几方面，并以社会经济发展对产业转移效应的评价为重点内容。但事实上，京津冀经济圈一体化发展逐步加快，单

一的经济目标已不能满足广义产业安全下的产业转移目标，生态经济安全问题、社会文化影响问题均应当包含在产业转移目标评价体系中，产业转移不再是单一的经济发展效应。因而在本书中，我们要做的便是建立既包含经济效应又包含生态环境安全的产业转移影响评价指标。

第三章　国外产业转移发展趋势与城市圈发展经验借鉴

第一节　国外产业转移及其发展趋势

国际上三次大规模的产业转移发生于第二次世界大战结束之后及 20 世纪 90 年代信息产业和新经济在全世界高速发展之前的这一阶段。这三次产业转移的特征表现为同类产业整体在发展水平不同的国家之间呈梯度转移。

第一次国际产业转移始于 20 世纪 50 年代。不论是产业技术还是经济都领先于其他国家的美国最先实施了产业结构的升级调整。美国在其境内大力发展资本密集型产业如汽车、化工等，以及新兴技术密集型产业如通信、半导体、计算机等，而将传统产业如纺织、钢铁等向德国、日本、加拿大等国家直接投资式进行转移。在承接美国转移出的轻纺工业后，日本等国由整体经济相对落后、劳动力成本相对较低的国家很快转变为全球劳动密集型产品的主要供应者。与此同时，日本大力扶持发展化工、钢铁等资本密集型产业的进口替代，至此其产业结构实现了调整。

第二次国际产业转移浪潮发生于 20 世纪六七十年代。由于第三次科技革命的推进，各种新技术、新产品持续出现，产业升级的速度也因此变快。美、日、德等国把轻纺工业等劳动密集型产业大力向外转移，转而大力发展电子、生物医疗和航空航天等技术密集型产业以及钢铁、汽车和化工等资本密集型产业。亚洲新兴工业化国家和地区在经过 20 世纪 50 年代的进口替代之后，轻纺工业等劳动密集型产业发展较快，并且大力发展出口导向型轻纺工业。

第三次国际产业转移发生于 20 世纪 70 年代后期。在世界性经济危机的爆发以及两次石油危机之后，西方国家的重化工业遭到了严重打击，使得西方国家不得不先后将重化工业如造船、钢铁和化工等，以及资本密集型产业如家电、汽车等进一步向外转移，转而大力发展知识密集型产业以及高附加值、低能耗的技术如新能源、微电子等，进一步推进技术创新。同时，亚洲新兴工业化国家和地区的廉价劳动力优势也由于劳动力成本的快速上升而渐渐丧失。一方面，这些国家和地区承接发达国家转移的资本密集型产业；另一方面，它们积极对自身产业结构进行转换调整，并将现无优势的劳动密集型产业转移到泰国和马来西亚等后起的东盟国家。

在 20 世纪 90 年代之后，伴随着经济发展全球化，产业发展也愈来愈全球化，产业转移更多地表现为全球化产业链上不同要素密集度的经营链条在经济发展水平相异的国家之间的梯度转移。美国个人计算机行业打开了新纪元，这个时代着重表现为产业的模块化发展，而这一发展很大程度上改变了国际产业转移。产业的全球化进程在模块化生产条件下实际上就是产业链条的国际转移进程，不同的是国际产业转移的内容有了一些变化。产业转移由之前的劳动密集型产业和部分技术、资本密集型产业，依次由发达国家向次发达国家再向发展中国家的转移，逐渐演变为产业链条由低端到部分终端其至高端环节在发达国家、次发达国家和发展中国家之间的转移。发达国家由于知识及技术发达则主要从事研发和销售服务等环节，跨国公司主要负责直接投资和生产外包，而世界所有产业的中、低端制造环节则开始大范围向新兴工业化国家和地区转移。

实践中，国际产业转移的历次浪潮和产业的升级换代密不可分。各国劳动力、技术、资本等要素在产业发展中有规律地进行变化，产生了产业结构升级调整的内在要求的结果即重化工业、轻纺工业和高科技产业梯次性由发达国家向次发达国家再向发展中国家进行转移。自 20 世纪 90 年代以来，全球经济环境经历了很大的改变：一方面，各国的开放政策及信息技术的持续发展，有力地推进了经济全球化的进程；另一方面，知识经济的持续发展改变了国际产业转移的背景和条件。国际产业转移呈现出新的特点及趋势。①产业转移以知识密集型产业、技术密集型产业和资本密集型产业为主。在知识经济的背景之下，传统产业由于高新技术的升级有了新的发展方向，主要拉动经济增长的产业也逐渐转变为知识型服务业。世界各国随之集中力量研究高新技术，国际产业转移的主体也逐渐转变为知识、技术、资本密集型产业。②跨国公司为产业转移的主体。数据显示，跨国公司控制着世界 50% 以上的国际贸易额，70% 的国际技术转让，80% 以上的新工艺、新技术、专有权以及 90% 以上的海外直接投资。从这些信息来看，跨国公司已承担了全球资源配置的职责。③整体转移产业链条趋势明显。产业转移更加重视综合知识优势如国家人才、技术、研发能力和信息基础设施、体制条件等。与此同时，转移方式也变得多样化。

第二节　国外城市圈发展经验借鉴

所有成熟都市圈向更成熟方向的发展都离不开产业结构的转型升级。都市圈产业组织结构的变迁有利于都市圈经济职能的变化。由此看来，都市圈的发展离不开产业结构的调整作用，因此，对于怎样协调好核心城市与其他城市的产业布局的问题变得尤为重要。

日本的东京都市圈与美国的纽约都市圈分别是全球六大城市圈之

一，具有成熟的城市空间结构与合理的产业分布结构。二者在城市圈发展的过程中各自面临着不同的问题。日本面临的问题是核心城市产业过分集中造成的城市化问题，比如住房短缺、交通拥堵、污染严重等问题，这些属于城市自身的内部承受力不足导致的内部问题。而美国面临的问题是产业转型、制造业衰落、如何培养新兴产业，以及转移落后产业的问题，这些属于外部环境变化导致的外部问题。而我国构建京津冀城市群既面临着核心城市承受力不足的内部问题，也面临着产业升级、转移落后产业的外部问题，以上两国根据本国实际分别找出了不同的解决办法，这些办法对我国有着重要的借鉴意义。

一　日本东京都市圈产业转移经验借鉴

东京是世界公认的城市化建设先进的国际大都市。东京都市圈又称东京首都圈，是指以东京为中心，半径100公里范围内的地区，按照初始规划面积主要涉及东京都、琦玉县、神奈川县、千叶县、群马县、茨城县、山梨县和栃木县等一都七县（见图3－1），面积36274

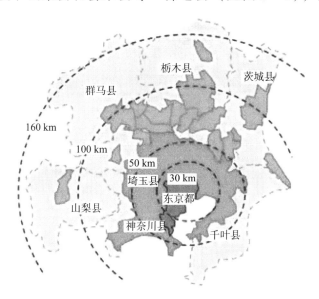

图3－1　东京都市圈

平方公里，占全国总面积的 9.6%，人口 4354.1 万人，占全国总人口的 34.2%，人口密度每平方公里 1200 人，是全国平均水平的三倍多。其中，一都三县的范围人口密度更高，能够达到每平方公里 2721 人。东京都市圈的国内生产总值约占到了全国的 1/3，而制造业、服务业更是高于 60%。东京都市圈是享誉世界的城市集聚区，其城市化水平高达 80% 以上。

1. 东京——经济与政治中心

东京集日本的政治、经济与文化中心于一体，是目前全球最重要的经济中心之一，且与纽约、伦敦并称为世界三大金融中心。东京都市圈内许多政府行政机构、教育文化机构、住宿餐饮、批发零售业等服务行业都集中于此地域，与此同时，该地域还不乏金融保险业、不动产业等发挥着巨大中枢作用的机构。

2. 神奈川县——工业与物流中心

神奈川县是日本的四大工业基地之一，工业发展态势好。神奈川县随着东京长时间城市化的演化和县郊区化的不断进展，其中心城区的职能也随之开始转移，由此导致神奈川县区域的功能定位变得明显。从其区域中来看，一方面，横滨市作为日本第二大规模的城市，拥有许多国家行政机关、众多的尖端产业以及企业总部。进一步来看，横滨港还是日本最大且最重要的对外贸易商港。横滨国际化、信息化进程的不断加快，促进了其在国际交流方面的发展，从而进一步推进了神奈川县区域经济的发展以及信息的对称。另一方面，神奈川县区域的另一个重要地区川崎市是重工业的中心，其主要职能为生产制造及研发等。川崎港的职责主要是为企业提供原材料、成品，它与横滨港功能互补。随着神奈川县区域内港口优势的不断扩大，其已逐渐成为东京都市圈物流产业和工业所在地。

3. 琦玉县——副都与运输中心

琦玉县作为日本东部重要的交通枢纽，交通网络发达而密集。琦玉县区域功能定位于东京副都，部分政府职能的转移功能由其承担。如今，它逐渐承担了政府机构、商务休闲、住宿餐饮等职能。浦和市作为琦玉县的政府行政中心，拥有商务和国际交流作用。大宫市作为琦玉县的经济中心，其服务业、商品业较发达，商务作用明显。

4. 千叶县——商务与货运中心

千叶县在日本属于重要的工业县，其作为工业聚集地在国际交流、国际空港、商务、海港等方面作用明显。作为县政府所在地，千叶市港口主要负责长期输入日本的原料，进而主要承担了国际商务的职能。与此同时，木津市也在进一步推进研发、商务职能，特别是对贸易和旅游两方面的发展起到了重要的促进作用。新东京国际机场位于成田市，不论对于东京都市圈还是日本来说都是重要机场之一，对国际交流起到了很好的促进作用。该区域集聚了物流、临空产业以及商业的职能。在经过一系列的分析之后，我们可以看出，东京都市圈内各区域的功能表面看来各自只有其单一的职能，但是汇集在东京都市圈内之后，各区域之间联系紧密、分工协作、产业互补，集聚的整体作用优于单个区域城市功能的单纯叠加。都市圈之内的所有核心城市在借助了东京的资本优势之后，都形成了自己的产业特色，它们不断发展与东京经济错位的产业结构，进而增强都市圈整体在国际上的竞争力。

在第二次世界大战后，日本经济开始腾飞，东京都市圈也迎来了跨越式的发展，但在发展的背后也产生了一系列的问题。一方面，有轨电车、地铁、私人汽车等交通工具的发明与广泛应用推动了东京郊区化的发展；另一方面，大城市经济和人口急剧增长，市区人口和产业的集聚不断加强，这导致了城市规模的扩张，市区用地的增加，形成了单中心高度集聚的城市空间结构。城市单中心集聚带来了负外部性效应，如城市环境恶化、污染严重、住房短缺、交通拥挤等问题。日本政府将东京都的城市功能进行分化，对本地产业进行转移，稀释过于拥挤的东京人口，减少了城市压力，也带动了周边的发展。

综观这一产业转移的过程，我们可以得到以下的启示与借鉴。

第一，产业转移要依据市场选择。日本政府对于 GDP 是不考核的，企业根据成本收益来决定区位。在首都圈之内，对土地、交通、人力要求不同的产业聚集于不同区位。东京聚集了许多大型企业总部，其劳动力成本高且地价最高，第三产业占比高达 86.1%。当下，东京以出版及通信行业等技术产业为主。山梨县和关东三县距东京较近，地价较便宜且交通方便，因此承担制造业职能。群马县、茨城县和栃木县 GDP 中第二产业产值占比为 30%，高于全国平均水平（25.7%），但其第三产业产值占比与全国平均水平相比较低。工业区域主要位于东京周边地带，基本形成了机械制造、有色金属、石化工业等各种产业分工。其中茨城县和栃木县有色金属产业的比重约为 5%，茨城县和千叶县的钢铁产业比重约为 10%，并且在逐步增长。山梨县和茨城县的机械制造业比重高于 20%；栃木县、群马县汽车等运输机械制造业比重较高。临海的千叶县等地化学工业比重高达 20% 以上，并且在逐步增长。石炭、石油工业在神奈川县和千叶县的比重持续上升。

第二，政府要合理引导产业转移。日本政府于 1956 年制定了建设首都圈的基本法，即《首都圈市街地开发区域整备法》与《首都圈整备法》，每十年对都市圈规划进行一次修订，指导并规范都市圈内部各县市。作为日本产业发展的巨大动力，首都圈内所有县市都对东京都的这片资源群加以依托与利用。这些县市通过对自身进行合理规划，明确自身的产业定位，以期得到自己特殊的功能地位。从东京都产业转移至神奈川县来看，横滨市在日本经济快速增长的背景下，利用其近代工业基础，大规模地在东京湾沿岸实行填海置地，并以优惠政策为辅进行招商引资，以此吸引了东京都的工厂企业。发展至 20 世纪 90 年代中期，横滨市已经形成了总面积达 3340.9 万平方米的临海工业带和 67 个内陆工业园区，其中有 2332 家企业入园，而值得关注的是超过一半的企业由东京城区迁来。由此看来，东京周边的各个地域因为及时抓住了产业转移的机遇，精确定位，采取措施，不但帮助东京冲出了产业发展的瓶颈期，而且更重要的是借此机会建立了贯穿东京、横滨和川崎长达 60 千米的京滨工业带。

第三，产业转移要利用自身优势，错位发展。都市圈内部各地以市场化发展为主，根据资源禀赋和城市功能分类理论，首都圈各县市凭借各自的地理条件和产业基础，开辟具有互补性的特色产业（赵儒煜等，2009）。这种错位的发展即便是开发同种资源、同一产业，各个产业区域也都有差异化。例如，对于观光旅游业，群马县等北部地区主要为山林观光；千叶县等东部地区主要以牧场和海滨为观光区；南部岛屿地区则以海岛度假系列休闲娱乐产品为主；而山梨县等西部地区主要为富士山等世界遗产观光区，各个区域无一重复，各有特色。

二　美国纽约都市圈专业转移经验借鉴

纽约都市圈，作为世界六大都市圈之首，北起缅因州，南至弗吉尼亚州，横跨 10 个州，其中包括波士顿、费城、巴尔的摩、纽约和华盛顿 5 大城市，以及 40 个 10 万人以上的中小城市，如图 3-2 所示。此都市圈人口已经达到了 6500 万人，占全美总人口的 20%，并且城市化水平高于 90%。纽约都市圈被看作美国经济的中心，它的制造业产值占全美的 30% 以上。纽约是世界经济和国际金融的神经中枢，而它更是占据了区域内的核心地位。数以千计的研究机构和高科技企业聚集于波士顿郊区的 128 号公路两侧，波士顿因此有了"美国东海岸硅谷"的美誉。

作为美国工业革命的先驱，纽约从工业革命开始到第二次世界大战结束后一直是全美最大的制造业中心之一。20 世纪 70 年代，以纽

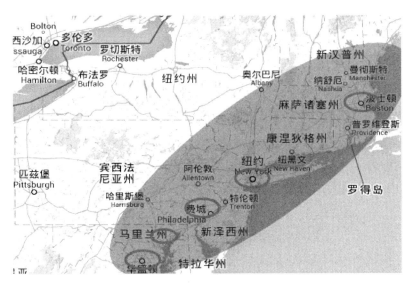

图 3 - 2 纽约都市圈

约为代表的整个东海岸地区制造业下滑严重，大量的纺织厂、橡胶厂、皮革厂纷纷倒闭，大量工人失业，这一时期的美国乃至西方社会都陷入"滞胀"的经济危机之中。进入 20 世纪 80 年代后，计算机、生物制药、核能以及航空航天等高新技术的发明与应用，以及里根政府宽松的经济政策，减少政府干预与税赋，激发了经济的活力，带动了纽约都市圈乃至整个美国服务业以及高新产业的发展。

1. 纽约——金融与贸易中心

作为美国最大的港口城市，纽约拥有最大的商贸港口，承担着集装箱集散运输职能。以铁路交通为主的纽约，为整个大都市圈的运输提供了最重要的服务，并且其也建立了世界上最长、最快捷的地铁交通。除铁路交通枢纽之外，纽约的肯尼迪国际机场也发挥着其不可替代的作用，承担着约 50% 的进出口货物和美国航空业务及 35% 左右的国际客运额。正如以上所述，纽约拥有的这些优势，促使其在纽约都市经济圈中占据了首要位置。

20 世纪初，美联储总部在纽约的设立凸显了纽约在美国金融业中不言而喻的中心地位。目前，纽约聚集了世界著名的跨国银行及众多全美著名的大银行总部，纽约对整个都市圈的影响力很大程度上来自华尔街上的美联储、摩根士丹利、高盛、纽约证券交易所等著名的金融机构。纽约金融中心国内外市场的紧密联系及其在电子通信技术方面的普遍使用，为纽约都市圈的发展提供了大量而又丰富的信息和资本。我们不难看出，纽约金融中心的辐射功能对纽约都市圈内城市的发展意义非凡。虽然纽约为美国的政治中心，且为世界著名的国际经济中心城市，但它属于为数不多的非首都城市。1946 年，联合国总部在纽约的设立大大提升了纽约的国际政治中心地位。

此外，纽约的商业和生产性服务业也很发达，是全美的商贸和重要的制造业中心。其中，印刷、服装、化妆品等行业在全国居第一，而军火生产、机器制造、石油加工和食品加工也拥有着重要地位。由此看来，纽约在经济职能及区位方面都处于都市圈的核心，具备了地位与地理的双核心。

2. 费城——制造业与运输中心

费城作为美国的第五大城市，是纽约都市圈内排名第二大的城市，对都市圈也有着极其重要的作用。回忆美国历史，费城曾经是美国的首都，此城市最具历史意义，其博物馆保存着美国独立战争时的许多古迹文物。

费城在纽约都市圈中处于中部，不仅地理位置优越，而且经济结构多元化，港口便利，这使其定位明确。与此同时，作为全美主要制造业中心，费城在美国东海岸地区是重要的造船和钢铁基地。除此之外，其主要产业还有航空、国防、制药、电子、教育、制造业和交通服务业等。费城港也是全美重要港口之一，港区岸线长 80 多公里，拥有 300 多个码头，港口设施齐全。据统计，费城拥有全美第二的港口集装箱容量及第四的进口货物吞吐量。此外，从交通网络方面来看，费城密集的铁路干线和公路网与其港口很好地连接了起来，这为其水陆联运提供了便利条件。由上述内容可以看出，费城整个交通运输业的发展与其港口的带动紧密联系，成为纽约都市圈的交通枢纽。

3. 华盛顿——政治与金融中心

华盛顿作为美国的首都，拥有全国政治、经济、军事等最高指挥机构，是政府主导的区域。华盛顿是超级政治中心，它不只是美国的政治文化中心，更是全世界的政治重心。华盛顿特殊的政治中心作用为纽约都市圈的发展添上了一笔浓厚的政治色彩。华盛顿特殊的城市条件，为其城市作用的发展带来了极大的优势。一方面，对国际经济拥有很大的影响。具体来看，华盛顿坐落着世界银行、美洲发展银行等全球性金融机构的总部。另一方面，作为世界政治重心及美国政治文化中心，华盛顿在承担其首都职能之时，也有着重要的政治决策作用。

由于华盛顿在都市圈中处于政治核心地位，因此其在很大程度上是从宏观方面推进纽约都市圈经济发展的。众所周知的 2008 年金融危机导致纽约都市圈经济下滑，华尔街遭到重创，许多金融机构亏损。在此危急之时，华盛顿不失所望地显示出了其政治核心的地位。当时，纽约都市圈充分利用了华盛顿的政治核心职能，采取了一系列手段，通过其得到了许多经济信息，从而坚定了华盛顿世界政治中心的核心地位。

4. 波士顿——科技与教育中心

事实上，纽约都市圈不仅是我们所熟知的世界金融服务中心，而且聚集了世界上的高新技术产业。而波士顿就是纽约都市圈现代化科技中心的显著代表。波士顿是美国重要的科技与教育中心之一，集聚了金融、教育、建筑、运输服务以及高科技等产业。波士顿形成了具有一定规模的产业区，在其郊区的 128 公路附近拥有上千家高新技术企业和研究机构。除此之外，波士顿还聚集了像哈佛大学、波士顿大学、麻省理工学院等世界著名的高等学府。这些高等学府为研究机构和高新技术企业源源不断的人才需求提供了可靠保障。不仅如此，州政府还联合波士顿市政府，成立了许多专门性的中间机构，如生物技术委员会、中小企业研发创新辅助机构等，从而进一步促进了高新技术产业的发展。

20世纪50年代以后，随着在生物、电子、国防等行业的不断发展，波士顿逐步与"硅谷"齐名，成功地成为高科技聚集地。到了20世纪90年代，波士顿为了实现高新技术产业结构的调整，拓宽了产业经营与服务的范围，并实行了产业多元化的发展政策。波士顿郊区128公路两侧发展迅速，其信息服务业不断发展的同时，软件及电子通信企业也在不断创立。波士顿地区新的高新技术经济支柱产业变为了电子信息、计算机制造和生物技术等产业。同时，波士顿科技与教育的发展也离不开金融服务业的支持。波士顿金融业的投资份额虽然只占到波士顿经济的8%，但其主要集中于对高新技术产业公司的投资，这使得波士顿高新技术产业迅速发展。因此，波士顿主要承担着为纽约都市圈提供高新科技和高素质人力资源的角色。

综观这一产业转移的过程，对我们有以下的启示与借鉴。

所有城市的成长都伴随着其产业结构经历了主导产业的更替到关联产业的发展再到新兴产业的诞生三个阶段。都市圈经济发展带来的必然趋势便是纽约都市圈内各等级城市产业结构的转型，这从反面也进一步促进了都市圈经济与社会的快速发展。都市圈的发展促使其产业结构发生了明显变化，核心城市中服务性产业如贸易、金融、保险和高新技术等持续发展，并逐步替代传统制造业而成为都市圈经济的主要产业，制造业则由核心城市向周边城市转移。都市圈内完备的城市等级体系使得从核心城市转移出来的制造业对于等级较低的城市来说还有许多发展空间，制造业会逐渐成为等级较低城市的支柱产业，从而实现都市圈产业组织结构的梯度发展。

纽约都市圈的发展也给我们提供了宝贵的经验借鉴。

首先，在新的发展环境下，要重视金融与科技的作用，都市圈内的核心城市必须是该区域的金融与科技中心。在很大程度上，纽约都市圈正是得益于本地强大的金融和技术的支持而实现了区内产业转移。拥有着美联储、纽约证券交易所、高盛、摩根士丹利等著名金融机构的纽约华尔街，掌握着美国乃至全球的金融命脉。波士顿郊区128 公路附近聚集了数以千计的高新技术企业和研究机构，同时拥有哈佛大学、波士顿大学以及麻省理工学院等著名高等学府，其向研究机构和高新技术企业提供了充足的人才与科技支持。金融中心为新兴产业的发展提供了灵活便利的资金保证，强大的科研机构为地方产业发展提供了强有力的科技支持，同时金融与科研又吸纳了大量的人才，带来了对餐饮、住宿、交通等相关服务业的需求，进一步促进了本地第三产业的发展，同时也为区域内其他企业提供资金、市场和科技支持，使得区域经济得以全面高速地发展。

其次，明确都市圈内部的定位。对区域内产业结构的发展要从横向与纵向两个方面进行规划，产业结构要呈现出横向集聚化，纵向链化的发展趋势。在共同市场内，各种生产要素在城市群中的自由流动促使了人口和经济活动更大规模地集聚，从而形成城市群巨大的整体效应。从具体产业发展来看，整个区域内的汽车、钢铁、能源、造船能力均较强，形成了较为完备的产业链；从整体城市定位来看，综观纽约都市圈，纽约是金融与贸易中心、费城是制造业与运输中心、华盛顿是政治与金融中心、波士顿是科技与教育中心，各城市之间定位明确，形成了协调发展、齐头并进、互补互进的局面。

最后，要组建跨行政区的协调组织或地方联合政府，重视民间协调组织与规划机构的作用。在区域发展过程中，由于各地方政府之间属于平级机构，因此可能会出现默契程度不够、政令不统一、规划不协调等问题。为了避免这些问题，当地涌现出了大量的区域协调组织机构，这之中既有政府官方支持的组织，也有民间成立的非营利组织，这种民间协调组织与规划机构，一般对当地的情况了解得比较深入，能够提出相当有效的合理建议。1898 年成立的大纽约市政府、1929 年成立的区域规划协会、20 世纪 60 年代成立的纽约大都市区委员会等，这些组织的成立大力推进了区域合作和区域规划，在区域规划和区域发展协调机制形成等方面发挥了不可替代的重要作用。

第四章　京津冀地区的发展现状与存在问题

京津冀地区在中国的经济中扮演着十分重要的角色，这一经济圈中的首都北京是我国的第二大城市和政治以及文化的中心，也是连接东北与华北的交通枢纽。北京东南局部及南部地区分别与天津和华北平原相连，其余地区则与河北省的边界相邻。天津在行政划分上属于我国的直辖市，它位于环渤海经济圈的中央，有很大的地理位置优势，也是我国近代工业最早发展的地区之一，以及北方地区较早开展国际贸易的港口，现在是北方发展较快的对外开放港口，也是北方的海洋交通运输与第二产业发展的重要城市。2006年顺应国家战略要求，天津滨海成为国家级新区，天津市作为我国重要的工业和对外贸易港口城市，再一次获得了快速发展的机遇。河北省位于华北地区，东部与渤海相邻，西北部与北部衔接着内蒙古自治区，东北部与辽宁相接，南部与山东、河南两省接壤，西倚太行山，与山西省相邻。

第一节　经济发展现状与问题

一　总量规模

京津冀地区经济规模较大，并且这些年以来，京津冀经济圈的经济总量一直呈现快速增长的趋势。表4-1显示了京津冀地区的总体经济实力与该地区在全国经济中的位置。

表 4 – 1　2007～2014 年京津冀经济圈地区 GDP 统计

| 年份 | 全国 GDP（亿元） | 京津冀经济圈地区 GDP（亿元） | | | | | | | 占全国 GDP 比重(%) |
		总计	北京	比重（%）	天津	比重（%）	河北	比重（%）	
2007	265810.3	28706.9	9846.8	34.3	5252.8	18.3	13607.3	47.4	10.8
2008	314045.4	33845.0	11115.0	32.8	6719.0	19.8	16012.0	47.3	10.8
2009	340902.8	36910.3	12153.0	32.9	7521.8	20.4	17235.5	46.7	10.8
2010	401512.8	43732.3	14113.6	32.3	9224.5	21.1	20394.3	46.6	10.9
2011	472881.6	52074.0	16251.9	31.2	11307.3	21.7	24515.8	47.9	11.0
2012	519470.1	57348.3	17879.4	31.2	12893.9	22.5	26575.0	46.3	11.0
2013	568845.2	62172.1	19500.6	31.4	14370.1	23.1	28301.4	45.5	10.9
2014	636138.7	66474.5	21330.8	32.1	15726.9	23.7	29421.1	44.2	10.5

资料来源：《中国统计年鉴》（2015）。

2007 年京津冀地区的 GDP 达到 28706.9 亿元，共占全国 GDP 的 10.8%；到 2014 年这一地区的 GDP 增加到 66474.5 亿元，占全国 GDP 的 10.5%。如表 4 – 1 所示，京津冀的国内生产总值处于每年匀速增长的状态。在京津冀地区中，北京占地区总土地面积的 7.77%，户籍人口也只占了总人口的 19.02%，但是 2007 年其 GDP 占了全地区的 34.3%。从 2008 年开始，这一比例开始降低，这表明了北京市的土地、水源、资源等限制逐渐显现出来，随之在经济方面的发展步伐也慢了下来，继续加速发展的动力不强。然而天津的增长趋势却显露出来，这些年滨海新区的对外开放与经济开发为其经济增长提供了新的机会，天津的工业发展进程也随之加快，天津的 GDP 在京津冀地区中所占比例处于逐年提升的状态。河北省虽然在占有的土地面积和人口数量这两方面有着很大的优势，但是经济发展速度比较缓慢，其 GDP 在京津冀地区中所占比例从 2007 年的 47.4% 下降到 2014 年的 44.2%。

毋庸置疑，北京仍然是京津冀地区发展的中心，甚至是北方整个城市圈发展的重中之重；天津是京津冀地区发展的次中心；在北京和天津的外围，河北省的发展较为缓慢，但有着相当大的人口资源潜力。

二 产业结构

从产业结构看，整个京津冀区域为"三、二、一"结构，如表4-2所示。

表4-2 2014年京津冀地区产业结构

单位：亿元，%

项 目	第一产业		第二产业		第三产业	
	产值总量	比重	产值总量	比重	产值总量	比重
全国	58336.1	9.17	271764.5	42.72	306038.2	48.11
京津冀经济圈	3806.35	5.73	27289.5	41.05	35383.06	53.22
京津冀经济圈占全国比重（%）	6.52	—	10.04	—	11.56	—

资料来源：《中国统计年鉴》（2015）。

从京津冀整体来看，该地区的第一、二、三产业产值总量占全国的比例分别为6.52%、10.04%和11.56%，可以看出，第三产业比较发达，所占的比例较第一、二产业也大一些。另外，因为在这一区域内，很多城市处于工业化阶段，所以区域第二产业在全国总量中所占的比例也相对较大。

（1）中心三次产业结构分析。

从表4-3和图4-1可以看出2009年及随后的5年期间北京市的产业结构变化，第三产业一直都比第一、二产业占的比重高，虽然第一、二产业的总量每年也在增加，但其所占的比例呈现逐渐下降的趋势，而第三产业所占的比重每年都在增加。所以，从整个产业体系看，北京市属于典型的"三、二、一"型产业结构。

表 4 - 3　北京市产业结构变化情况

单位：亿元

年份\类别	2009	2010	2011	2012	2013	2014
GDP	9353.32	10488.03	12153.03	14113.58	16251.93	21330.83
第一产业	101.26	112.81	118.29	124.36	136.27	158.99
第二产业	2509.40	2693.15	2855.55	3388.38	3752.48	4544.8
第三产业	6742.66	7682.07	9179.19	10600.84	12363.18	16627.04

资料来源：《中国统计年鉴》（2015）。

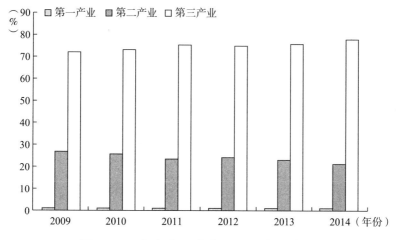

图 4 - 1　北京市三次产业比重变化情况

（2）次中心三次产业结构分析。

如表 4 - 4 和图 4 - 2 所示，从 2009~2014 年天津市的三次产业结构变化情况来看，第二产业位于优势地位，虽然第一产业的总数值在逐年增长，但其所占的比例逐年减少，然而第三产业所占比重逐年增加。从总体来看，天津市产业结构的情况为第二产业占主导地位，第三产业近年发展速度较快，而第一产业发展缓慢，属于"二、三、一"结构的两足鼎立型产业结构。

表 4 - 4　天津市产业结构变化情况

单位：亿元

类别 ＼ 年份	2009	2010	2011	2012	2013	2014
GDP	7521.85	9224.46	11307.28	12893.88	14370.16	15726.93
第一产业	128.85	145.58	159.72	171.61	188.45	199.91
第二产业	3987.84	4840.23	5928.32	6663.82	7276.68	7731.85
第三产业	3405.16	4238.65	5219.24	6058.46	6905.03	7795.18

资料来源：《中国统计年鉴》（2015）。

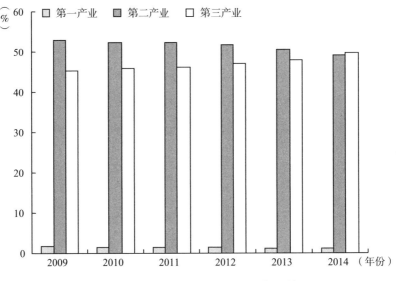

图 4 - 2　天津市三次产业比重变化情况

（3）外围三次产业结构分析。

如表 4 - 5 和图 4 - 3 所示，2009～2014 年河北省的三次产业结构也发生了变化，第二产业始终比第一、三产业所占的比重大，在产业结构变化中的趋势比较稳定，一直处于优势地位。因此，河北省是个以工业为主的省份，其产业结构表现为"二、三、一"型产业结构。

表 4 - 5　河北省产业结构变化情况

单位：亿元

年份 类别	2009	2010	2011	2012	2013	2014
GDP	17235.48	20394.26	24515.76	26575.01	28301.41	29421.15
第一产业	2207.34	2562.81	2905.73	3186.66	3500.42	3447.46
第二产业	8959.83	10707.68	13126.86	14003.57	14762.12	15012.85
第三产业	6068.31	7123.77	8483.17	9384.78	10038.89	10960.84

资料来源：《中国统计年鉴》（2015）。

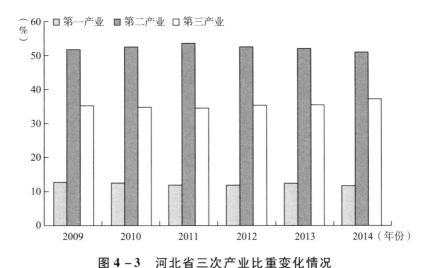

图 4 - 3　河北省三次产业比重变化情况

三　产业布局

　　京津冀的产业主要沿交通轴线布局，产业分布大致呈松散的点轴结构。北京与天津之间的一级交通轴线系统（由高速公路及铁路组成）是产业布局的主要区域。中关村、亦庄、天津华苑、武清开发区、塘沽高新区、廊坊开发区、泰达和津港保税区8个规模较大的产业园区沿京津交通干线分布，由此可见，在高新技术产业带的形成和发展过程中，一级交通轴线起着至关重要的核心作用。此外，产业布局的主要地域还有北京—保定—石家庄—邢台—邯郸、北京—唐山—秦皇岛这两个二级交通轴线（由高速公路、国家公路和铁路构成）。很多加工制造业、重化工企业分布在二级交通轴线周围。而连接北京—承德、北京—张家口等城市的三级交通轴线系统主要分布着农业、旅游业和绿色食品生产加工业等产业。

高新技术产业、科研综合技术服务业、社会服务业及金融保险业大部分分布在北京和天津，中关村科技园区、亦庄经济技术开发区、塘沽高新区等产业重点开发园区对这一区域的经济增长起到了重要的促进作用。基础产业大部分分布在河北省。现在河北省的主要支柱产业为化工、冶金、建材、机械、食品。传统的纺织、轻工等加工产业正面临着改进和提升。河北省西北部的承德、张家口地区自然资源比较丰富，其旅游业的发展也很迅速；西北部的秦皇岛、唐山、沧州等沿海地区能源重化工业发展比较快；中部石家庄、衡水服装、纺织业比较发达，已形成一定的产业聚集；南部邢台、邯郸冶金、建材等传统产业具有相对优势；而保定、廊坊由于具有环京津的区位优势，现代设备加工制造业及农副产品生产加工业较为发达。

四 经济发展存在的问题

（一）经济发展不平衡

京津冀经济圈近年来发展迅速，经济规模总量逐年提高，但区域内各经济体的发展很不均衡，呈现两极化的发展趋势。这主要表现为以下两点。第一，区域内一级城市和二、三级城市之间的发展水平差异很大。具体来说，北京市、天津市作为直辖市，政治地位较高，工业基础较好，资源禀赋较优，科研实力雄厚，人才储备丰富，两地GDP 总量占京津冀经济圈的 55.7%，在京津冀经济圈有着绝对的优势；而外围地区的河北省虽然占地面积最大、人口最多，但发展状况却远远落后于京津地区，2014 年 GDP 增长率仅为 6.5%，不仅落后于京津地区的 7.3% 和 10.0%，甚至低于全国 GDP 增长率的平均水平 7.4%。第二，区域内空间发展不均衡。京津地区，以及环京津外围地区的唐山、廊坊、保定等地，劳动力素质、地理环境、交通设施等方面基础较好，发展速度很快；而北部山区的张家口、承德，南部的衡水、邯郸发展较差。

（二）产业结构差异大

从整体上来看，京津冀经济圈的三次产业产值比例为 5.73 : 41.05 : 53.22，产业结构为"三、二、一"的结构，服务业所占比重较大，属于工业化后期阶段。但对区域内各省市进行逐个分析，我们发现区域内各省市之间的产业结构差异较大，北京市产业结构属于工业化后期，天津市属于工业化中期向工业化后期的过渡阶段，而河北省属于工业化中前期。根据钱纳里、库茨涅兹、赛尔奎等人的工业化阶段理论，在工业化初期，相关区域内的第二产业比重开始增加，逐渐超越第一产业，此时的产业结构为第二产业主导的，以轻工业和劳动密集型产业为主的"轻型"产业结构。在工业化中期，随着工业化的推进，农业步入机械化时代。城市化的发展，大规模基础设施建设的开展，以及前期资本的积累，改变了市场的需求和生产的条件，形成了以重工业为主导的"重型"产业结构。在工业化后期，工业化的进一步推进、科学技术的发展、人们收入的提高，带来了服务业的繁荣，这既包括生产型服务业又包括消费型服务业。生产型服务业存在于企业生产的各个环节，以人力资本与知识资本作为主要的投入品，赋予企业效率化、信息化等新的内涵，将工业化提升至新的高度；而消费型服务业存在于人们生活中的衣食住行各个环节，其代表了一个地区经济发展水平、居民收入水平、社会发达水平的高低。因此，第三产业不仅是产业结构是否合理的重要指标，而且也是社会发展与人民生活水平高低的重要体现。具体分析京津冀三地三次产业结构，可以看出，北京市的第三产业产值占 GDP 比重较高，为 77.9%；天津市经过一段时间的发展，第三产业比重已超越第二产业，占 GDP 比重为 49.56%；河北省的第三产业发展较差，占 GDP 比重仅为 37.25%。区域各省市之间产业结构差距较大，工业化水平参差不齐，这不利于区域间的协调发展，单凭区域内中心城市服务业也不足以支撑京津冀整个经济区域的进一步发展。

（三）二元经济结构突出，区域协作机制尚未形成

京津冀地区城乡二元经济结构显著，这以北京北部山区，河北南部的邯郸、衡水、沧州等地尤为突出。城市经济以现代化的大工业生产为主，而农村经济以小农经济为主，城乡居民收入差异较大，以北京市为例，2014 年北京市城镇居民家庭人均收入为 49730 元，而农村居民家庭人均收入仅为 20226 元，尚不足城镇居民人均收入的一半。此外地区间的二元经济也较为突出，北京是我国的首都，制定区域经济的相关政策时往往偏向北京，致使周边地区的各种资源都向北京集中，这又拉大了北京与外围地区的经济发展差距。由于缺乏统一的规划，再加上区域之间存在行政壁垒，因此京津冀地区各个区域之间发展相对比较独立，没有形成产业分工与产业合作，产业发展同构化严重，这导致区域内的竞争大于合作，特别是北京市和天津市，双方对于自身在京津冀经济圈内的定位都没有一个统一的、清晰的概念。所谓的区域市场一体化、产业一体化等深层次的区域合作还仅仅停留于表面，区域内产业分工不够清晰，区域合作机制还不够完善。

第二节　产业转移现状与问题

京津冀经济圈位于我国的华北平原，自古以来三地的联系就比较

密切，地缘经济发展较好，被统称为"燕赵之地"。自从改革开放之后，我国的市场经济体制逐渐形成，京津冀地区的各个区域之间的联系和合作不断加深。早在1986年，时任天津市市长的李瑞环就倡导环渤海15个城市成立环渤海市长联席会；2011年，国家"十二五"规划纲要正式发表，提出打造"首都经济圈"；2014年2月，习近平在北京主持召开座谈会，专题听取京津冀协同发展工作汇报，要求北京、天津、河北三地打破"一亩三分地"的思维定式，强调实现京津冀协同发展是面向未来打造新的首都经济圈、推进区域发展体制机制创新的需要，是一个重大国家战略，并要求抓紧编制首都经济圈一体化发展的相关规划；2014年3月，国务院总理李克强作政府工作报告，谈到2014年的重点工作时，提出"加强环渤海及京津冀地区经济协作"；2015年4月《京津冀协同发展规划》正式出炉，除明确区域整体定位及三省市定位以外，还确定京津冀协同发展的近期、中期、远期目标。

一　农业产业转移

京津冀三地之间的农业合作有着悠久的历史。北京是中国的八大古都，元、明、清三朝的都城，天津因京杭运河漕运而兴，自元朝起就是中国北方的商贸中心，两地繁荣的商贸活动，吸引了大量的人口，需要农业为其提供支持。而河北自古以来就是我国小麦与棉花的主要产区，宽广的华北平原，为农业的发展提供了良好的自然条件。新中国成立以来，特别是改革开放后，北京、天津作为中国重要的政治中心与工商业中心，社会经济发展迅速，城市化水平不断提高，第一产业受到第二、三产业的挤压，功能逐渐弱化，河北省成为这两个城市主要农副产品的供应地。比如，在京津地区的农副产品市场上，来自河北省的农副产品占据了大部分的份额，其中蔬菜、水果、肉制品的占有率均达到40%左右，生猪的占有率达到50%，活羊的占有率也达到 25%。北京市与河北省承德市在农副产品方面的合作项目已经有 80 多个，总合作资产超过 70 亿元。其中于 2007 年启动的农业合作项目就有 33 个，总投资高达 44.27 亿元。很多河北省农业民企，例如华龙、神威、恒利、海湾等，这些年都在向北京发展，逐步从区域内领先企业向国内一流企业跨越。

京津冀经济圈农业的产业转移还表现在生产产业链方面的转移，比如大量食品生产企业由京、津两市转移至河北去设立食品加工工厂、食品冷链仓库等。这种生产产业链的转移也为京津冀地区农业的协同发展提供了借鉴。目前京津冀经济圈随着影响力的逐渐提升，经济实力的逐渐增强，其对农业的需求也越来越大，京津冀三地要继续开展交流与合作，在推动河北省第一产业向高效、绿色、环保目标发展的同时，也为京津地区第二、三产业的发展提供保障。

二 工业产业转移

从工业产业转移的潜力来看，河北省的土地、人力、资源等生产要素比较丰富，可以较好地承接转移企业，现有工业以辅助工业冶炼、建材、加工等产业为主，与京津两地的产业有着协同发展的潜力。北京、天津都是老牌工业城市与高新技术产业发展的核心城市，因此部分产业之间存在雷同，有着相互竞争的关系，需要我们对其劳动生产率、资本增值率等方面进行对比，确定双方的优势产业，对优势产业进行保留，对劣势产业进行转移。

从目前的产业转移现状来看，北京的产业转移和河北省的产业承接都取得了一些成果。由于新的《京津冀协同发展规划》对于北京城市功能定位进行了重新设定，因此北京要转变当前的产业结构与经济发展方式，将部分产业，特别是煤炭、钢铁、化工等重污染企业进行产业转移，主要的转移区域为河北省。据不完全统计，自北京 2001 年申奥成功以来，已经有大约 400 家企业如首钢的炼钢厂、北京焦化厂、第一机床厂铸造车间等被转移到了河北省各地，这些企业已经全部或部分完成了产业转移。其中影响最大的是 2005 年的首钢搬迁，这被视为京冀产业转移的标志性事件。曾经是北京工业象征的首都钢铁集团，为了北京的生态环境，舍弃了经济利益，这体现了北京进行产业转移的决心。

经济发展水平相对比较落后的河北承接了大部分的转出产业，这一方面激活了相对闲置的土地、人力、资源等生产要素，带动了本地就业，促进了经济的发展；另一方面京津地区的一些高端制造业与河北的劳动、资源、能源型产业形成了产业互补、产业协作，形成协同发展的局面，有利于整个京津冀地区产业结构的升级与优化。

此外，跨区域的经济技术开发区、高新技术开发区等是区域间合作的重要形式，目前已建成的有中关村科技园区、廊坊经济技术开发区、华苑产业园区等区域产业发展示范区，其对区域间的合作与产业转移的进行起着示范与带动的作用。

三 产业转移存在的问题

（一）产业转移存在的问题

近年来，虽然京津冀经济圈内部产业转移进展很快，并取得了一定的成效，但仍然存在一些不足之处，主要有以下两点。

1. 产业转移范围不广

京津冀地区的产业转移大部分集中于与转出地较近的城市边缘地区，它们大多数都有较好的资源禀赋与便利的交通区位，如环北京的保定、廊坊等地，地缘优势显著，并有一级交通线与之相联系，因此这些地区成为北京产业转移的首要地区。而京津冀经济圈外围的邯郸、衡水、沧州等地，距离北京较远，自身交通也不是很便利，很难受到北京产业转移的影响。

2. 产业转移层次不高

现有的产业转移层次不高，转移规模较小，要素转移不均衡。很多企业只转移了部分的生产线，各地的产业发展没有按照比较优势实现真正意义上的区域产业梯次分工。虽然京津冀经济圈地区之间农业合作的时间较长，产业转移效果也最为显著，但由于没有形成完整的产业链，大部分农产品只有"生产—出售"两步，缺乏中间的加工环节，因此导致农产品附加值较低，没有在农业的产业转移上获取相应的利润，对当地经济的发展没有起到应有的作用。另外，北京和天津的第二产业主要是一些国有大型的重工业，产业转移的成本很大，同时政策、体制也会对产业的转移造成一定的影响，因此大部分转移的产业是一些污染严重超标与产能过剩的产业，如钢材、煤炭等资源类产业。此外，一些技术较差以及附加值较低的产业等，由于自身的盈利能力较差，无力承担产业转移的成本，因此也会对产业转移的进行造成一定影响。

（二）产业转移问题原因

1. 行政区划与经济区划不一致

行政区划与经济区划的不一致是京津冀地区产业经济转移的最大阻碍。目前该地区的产业协作虽然有了统一的行政规划，但还缺乏统一的行政、税务、司法等系统，三地相互之间还存在行政、税务、司法等壁垒，不利于企业以及各生产要素之间的自由流动。此外，各区域之间还存在着地方保护主义，将自身的利益置于整体利益之上，不惜牺牲环境和资源，部分地方政府还存在着"唯 GDP 论英雄"的思想。区域内各级政府在行政关系中还扮演着不同的角色：北京和河北、天津既是首都和地方的关系，又是省级与直辖市的平等关系，这种行政角色的混乱也对区域经济的一体化发展产生不小的阻力。

2. 缺乏区域整体协调机制与合作机制

市场经济体制的不健全导致京津冀经济圈内部各成员之间的相互

协作缺少统一的管理协调机制、交流沟通联络机制以及资源利益分享体系。尽管京津冀经济圈内部各成员在经济发展中有较强的互补性，但由于缺乏统一的管理协调机制与交流沟通机制，各级地方政府往往只看到眼前利益、自身利益，而忽视了长远利益、整体利益，从区域发展的角度看来，表现为各地之间产业同构化严重，区域间缺乏有效的产业分工合作，更多的是恶性竞争与地方保护。北京、天津土地、水资源等严重不足，需要河北给予帮助，由于三地之间的行政级别差距，这种帮助往往是无私的帮助。而京津冀三地的发展水平不同，要素禀赋不同，在某种程度上导致了社会福利分配、基础设施建设、公共服务供给和生活成本上的差异。北京具备的优势条件吸引了大批天津和河北的人才以及优势资源，虹吸效应拉开了各地区经济发展水平以及居民生活水平的差距，缺乏利益分享机制造成了发达地区越发达、贫困地区越贫困的局面。只有资源共享，而没有利益共享，使河北变成了北京和天津的无偿输血站，这不利于京津冀地区整体经济的发展。

3. 产业同构现象严重

由于之前缺乏统一的规划，京津冀经济圈内部各成员之间产业结构趋同，各地争相发展产值高和税收多的产业，导致各地区企业之间在产品市场和要素市场之间展开恶性竞争，造成了资源的分散利用，不利于产业的做大做强。北京与天津作为中国北方的老工业城市，自身的工业基础存在着一定的雷同，近年来随着高新技术产业的发展，两地因为都有着深厚的科技与人才沉淀，所以纷纷大规模涉足这一产业，这也导致了一定程度的产业雷同。从 2011 年的三地国民经济和社会发展的"十二五"规划看，三地制定的未来五年产业发展规划基本相同，而进入"十三五"，三地一定要统筹规划，实现产业的差异化发展。

4. 北京和天津的"龙头"带动作用不大

综观各大城市经济圈的基本发展趋势，一个经济圈的经济发达程度与区域竞争力强弱的关键是经济圈内核心城市在整个国家，甚至整个世界的地位。北京市作为我国的首都，既是政治中心，又是文化中心、国际交流中心，其综合影响力居于我国城市前列，但其经济影响力远远落后于上海、广州、深圳，未能带动区域内其他城市的发展，未能扮演好区域发展的龙头角色。这与北京市以前的发展定位有关，自新中国成立后，北京的发展定位是中国的经济中心、工业中心、政治中心，这就导致北京集中了许多高耗能的重化工业产业，如化工、钢铁等。曾经这些产业为北京的经济发展做出了重大贡献，但时至今日，这些产业已经成为北京发展的累赘，占据北京大量的生产要素，却无法做出相应的贡献，向外转移又面临着成本过大、行政壁垒等方面的障碍。此外，北京的新兴技术产业大约80%是由外企控制与投资，电子信息、机械等新兴产业的龙头企业大多数为外企或合资企业。这些由跨国公司所拥有的技术资源大多数是不能向外传播的，这也增加了北京市对外辐射的难度。天津作为京津冀地区的第二中心，它的各种优势也没有完全地发挥作用，和河北省的产业关联才初步形成，并无更深的经济合作。

第三节 产业转移中的产业安全问题

（一）生态环境是产业转移中不可忽视的产业安全问题

从生态学的角度对我国产业安全进行研究，可以更全面地对产业安全进行解释和说明。产业是否能够成功转移，转移后是否能发挥作用，市场和政府对生态安全的保障均起着至关重要的作用。但是伴随着京津冀经济圈的快速发展，其对资源的需求逐年增加，生产生活排放的废弃物也在逐年增加，导致其面临着严峻的环境问题。北京东南郊曾经是工业最为发达的地区，也是最易产生污染的区域，但是随着经济的发展，北京开始有计划地着手当地企业的转移与改造。北京工业企业的转移工作从 1985 年开始，分批转移高污染企业，到 1999 年上半年北京已经成功完成了 114 家企业的搬迁工作。1999~2004 年预期有 134 家企业（含 1999 年已批立项的企业）批准转让原厂址。2000 年 8 月，北京颁布的《北京市三、四环路内工业企业搬迁实施方案》指出北京计划到 2005 年时将市中心区内的工业用地占比降到 7% 以下，同年就成功将靠近市中心的多家企业迁到外围，基本解决了企业工业污染扰民问题。

（二）空气污染问题突出

京津冀地区是我国的传统工业区，分布着众多重工业企业，特别是以煤炭、化工、建材等为主的重污染企业，排放出大量的工业废气。同时，京津人口的膨胀使得在生活供热、烹调过程中排出大量的烟尘，出行中各种交通工具排放出大量的尾气，这些都严重危害着该地区的环境。此外，秋、冬两季中国的北方受低气压影响，空气湿度较大，风速较小，大气污染物难以有效地扩散，这加剧了京津冀地区的环境污染问题。近年来 PM2.5 指数屡屡突破新高，呼吸道疾病的发病率也在逐年增高，空气污染问题已经成为京津冀地区的切肤之痛。

（三）水资源短缺和地表水污染

我国北方地区降水量不足，历来水资源比较匮乏，以北京为例，北京每年平均降水量为 585 毫米，年均水资源形成量为 21 亿立方米，而 2014 年北京用水量为 36 亿立方米，缺口达到 15 亿立方米，相当于一个半的密云水库储量。为了满足需求，不得不继续大力开采地下水，与 1998 年相比，北京的地下水位已经下降了 12.8 米，地下水储量减少了 65 亿立方米。目前北京最基本的水资源的来源仍然是水库。虽然前几年完成了南水北调的工程，但是因为一些阻碍，北京仍然离不开水库这一主要水资源来源。北京原来用加大对深层地下水的开发这一方式来获取更多的水资源，但这些年北京地区已经形成了地下水位漏斗，所以这一方式也不能解决水资源短缺的问题。此外水污染严重也是近年来京津冀地区所面临的严峻考验，重工业企业的生产与城乡居民的生活，都会带来对水资源的污染，造成水质重金属超标、水体富营养化等一系列问题。这不仅影响了地表水的质量，也使地下水源受到了一定的影响。

第五章　京津冀产业转移机理分析

　　产业转移是伴随着一国或者地区经济不断发展而产生的必然现象。从理论的角度来看，由于科学技术的不断发展，产业转移所创造的先进生产力会在经济发展内在机制的作用下，在空间上不断进行转移、扩散，不可能被某些地区或企业无限期垄断，因而产业在空间上的转移和扩散过程是不可逆的。进入 21 世纪，中国经济发展进入了一个全新的转换与巨大的调整时期，逐渐地出现了像京津冀这样产业结构转变的区域。产业结构不断调整、不断完善是经济发展的实质，而新兴产业代替传统产业在经济发展过程中不断成长崛起则推动了产业的不断演进。随着北京的薪酬、土地等要素成本逐年上涨，传统产业由于其劳动密集型的产业性质以及低附加值等因素，其产业利润急剧下降，而这些新兴产业、主导产业则由于没有及时退出的传统产业占用大量要素供给而面临资源匮乏的问题。并且，已经形成的产业布局会在"先来后到"效应的制约下对新兴的高新技术产业产生强烈排斥，进而有可能导致产业结构升级受阻。京津冀地区在经济发展程度上存在着显著的差异。作为其中的一个经济发展增长极，目前北京的部分低端产业已开始向外围区域转移扩散，并且产业转移已初具规模，这顺应了经济发展及产业升级的需求。现阶段，京津冀地区在产业转移上虽已有了一些成果，但仍存在一些问题，比如产业转移内容分散、过程坎坷，因此我们应当以产业转移机理为基础分析地区产业转移的趋势，科学合理地做出选择，正确引导京津冀地区产业转移顺利进行。这一过程将促进区域经济协调发展，不断推动区域间的强强联合。

我国的产业转移主要在两种力量的积极促进下进行——市场和政府。一般而言，产业转移是依靠市场机制与政府调节的共同作用，由此逐渐形成并发展而来的，它们虽然都是为了实现同一个目标，但其作用机制是完全不同的，由此形成了"市场驱动"和"政府调控"两种不同的模式："市场驱动"模式以市场为主要力量，主要目标是追求利润最大化；而"政府调控"模式则以政府和市场为主导，主要目标是协调区域发展及实现效益最大化。

市场作为产业转移的基础力量和内在驱动力，发挥了必不可少的作用，其动力来源主要是包括技术要素、自然资源、劳动力要素、资本要素在内的生产要素和产业结构的差异，以及生产要素禀赋的差异。而经济梯度就是由这些差异造成的，在经济梯度的作用下，政府会适当发挥其调控作用，并因势利导，地区产业便在这个时候开始向外围进行转移，与此同时，区域之间也能得到协调发展。政府应积极促进产业转移，这将是产业转移顺利进行的有力保障，但这必须以市场经济规律为前提条件。

京津冀产业转移机理如图 5-1 所示。

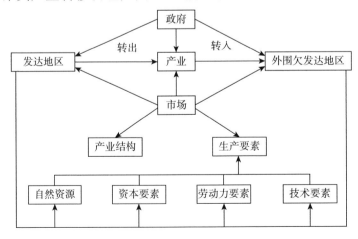

图 5-1 京津冀产业转移机理

第一节　市场驱动因素

一　生产要素禀赋差异

生产要素一般包含资本、信息及技术、自然资源、劳动力等，它构成了我们进行日常物质资料生产时应当具备的基础要素或条件。在确定的区域内，不同生产力的组合与配置便形成了区域生产力。从本质角度来分析，形成区域经济意味着我们要判断其相对优势，这可以从分析它的生产要素禀赋入手，通过合理搭配，使区域内生产要素有效分配以形成自己最具代表性的产业，促进整个经济共同发展。每个地区所面临的具体经济现实情况不同，所以会由于拥有不同的生产要素而形成不同的产业导向、产业优势及强度，同时每个地区也会具有不同的发展条件，以及不同质量、不同数量甚至不同结构的优势要素。如果生产要素能在各区域之间自由流动，则其便会逐渐向发达地区聚拢，因为发达地区相较于非发达地区有更强的竞争力，由此会出现生产要素极端分化现象，进一步拉大区域差距。但是集聚成本会随着极化效应的增强而增加，当增加到一定程度时，成本超过收益，这时极化效应消失，要素会向其他地区转移，这会导致区域之间的差异渐渐缩小。生产要素不断流动，产业转移才会产生。产业梯度和区域分工均是以区域生产要素禀赋为基础而产生的。在刚开始的时候，产业转移是以要素导向型为主的，也就是企业为寻求廉价的生产要素，以要素禀赋为原则，采用的产业转型模式即以降低生产成本为目的。这种产业转移可以再细化为四类：资本导向型、劳动力导向型、自然资源导向型和技术导向型。对京津冀地区的要素禀赋进行差异分析，可以使我们根据各地不同的产业特点决定如何进行产业转移。

（一）自然资源

自然资源指的是我们可以利用的物质与能量，作为人类长期生存发展的必要条件，它是企业进行物质资料生产的基础，对于京津冀地区自然资源禀赋现状的分析研究将是我们在探究京津冀产业优势互补问题时首先需要解决的问题。

1. 土地资源

在京津冀区域中，北京市拥有 16807.8 平方公里的土地，其中 38.2% 是平原，共 6390.3 平方公里，而山地面积占比高达 62.0%，共 10417.5 平方公里。截至 2011 年，北京市有 3384 平方公里的建筑用地（水利设施用地、交通运输用地、居民点及工矿用地），有 2317 平方公里的可耕地。由以上数据可以看出，北京优质的土地和耕地仅占很小的比重，其土地资源以山地居多而平原较少为特点，土地资源已被高度利用，因而其产业可利用的后备资源严重匮乏。

天津市作为京津冀地区的次中心，占地面积达到 11919.7 平方公里，其中高达 89.5% 是平原，面积达 10664 平方公里。在耕地与建筑方面，2008 年末，天津的建筑用地面积为 3682 平方公里，耕地面积达到了 4411 平方公里。但是天津的土地资源并未完全投入使用，还有 1304.12 平方公里未投入使用，占比高达 10.94%。相对于北京市较高的土地资源利用率，天津市的土地资源利用率需要得到进一步的提高。

河北省处在京津冀地区的外围，拥有最多的土地资源，共拥有 187693 平方公里的土地，其中包括 70194 平方公里的山地，占比为 37.4%；57223 平方公里的平原，占比为 30.5%；24343 平方公里的高原，占比为 13.0%；其余为湖泊、盆地、丘陵等，共 35933 平方公里，占总面积的 19.1%。截至 2011 年末，河北省的建筑用地面积为 17940 平方公里，而耕地面积为 63173 平方公里。在河北省的土地资源中，还有 20418.25 平方公里未投入使用，但其中仅有 1342.68 平方公里适合用作耕地。

根据上述分析，京津冀地区土地资源并不十分富足，且土地质量由于山地等的存在也较低。在资源利用率方面，天津市与河北省还有提升的空间，而北京市的部分产业得益于不断发展的经济以及城市化速度的加快，可以采取跨地区投资的方式转移至外围的河北省。

2. 水资源

随着我国人口增加、经济高速发展，水作为工农业生产过程中无可替代的珍贵资源，其需求量的不断增加将在更大程度上凸显水资源对社会经济发展的限制。京津冀区域隶属华北地区，整个地区的 GDP 和人口分别占全国的 24% 和 19%，然而水资源却仅占全国的 4.54%，因而为资源严重匮乏型区域。更令人担忧的是，多达 25 亿~26 亿立方米的地下水资源在北京市平原地区被开采，属于严重过度开采，这将会导致地面下沉、水位不断下降、水质量恶化等不堪想象的后果。

天津市的地理位置独特，濒临渤海却也深受水资源困扰。天津市受地貌特征及水文地质等条件的影响，虽拥有广阔的平原地带，但 80% 的平原地区为咸水区。对于天津市的这种特殊情况，政府也采取了相应的对策，自新中国成立以来，天津市便形成了完善的供水格局，该格局中城市以引滦为主的方式向居民提供用水，而农村供水主要为当地地表水、地下水，水资源的合理分配使用依赖于天津市兴建的 11 座中型水库以及 3 座大型水库等，其叫以储蓄 16.5 亿立方米的水资源。天津市的水资源相较于北京市而言则比较充足，使用得也更为合理，使社会和经济的发展得以顺利进行。

河北省拥有总量为 238 亿立方米的水资源，全省每年可开采 120.08 亿立方米的淡水资源。近年来，伴随着工农业逐渐发展，由水资源过度开采引发的问题也日益严重，部分地区出现了地面严重下沉、土地沙化的问题。比如从 20 世纪 80 年代一直到今天，河北省沧州市、衡水市地面下沉量已经分别达到了 1131 毫米和 500 毫米之多。水资源问题限制了河北省经济的进一步发展，因而在产业转移的过程中应当注意将那些对水资源需求较大的产业向天津市转移，而不适宜转移到河北省。

3. 矿产资源

矿产资源作为工业化进程中不可或缺的重要物质资源，地区的经济发展趋势将会在很大程度上依赖于这个地区的矿产资源，包括经济发展的结构、质量、效益以及速度。

北京市目前已探明的各种矿石品种多达 126 种，这其中有 68 种矿产的储量情况已经明晰，有 35 种已经被开发利用并投入使用，包括铁矿、煤炭、钼矿、金矿等。在北京市的矿石储量中，2008 年有四种矿石的储量居全国第一：水泥配料用脉石英、制灰用灰岩、铸石用辉绿岩、蚀面用角闪岩。天津市拥有已探明的矿产资源达 30 多种，其中包括金属矿、非金属矿、燃料和地热等资源。除此之外，其天然气储量为 100 亿立方米，石油储量达到 10 多亿吨。河北省的矿产资源更加丰富，它是我国矿产资源充裕的大省之一。截至 2013 年，河北省发现矿石 130 种，其中 78 种矿石已明晰储量，占我国已探明矿石数量的 34%，且储量也相当可观；河北省储量居全国前 10 位的矿种有 51 种，此外还有 8 种矿石的储量排在全国的第 11~14 位。

通过以上分析，我们可以看出京津冀地区拥有比较丰富的矿产资源，其种类繁多，已探明储量也很大。特别是处在区域外围的河北省，拥有十分充足的矿产资源，资源分布也比较集中，保障了生产力能够进行合理配置。鉴于此，河北省应当积极与北京市、天津市在加工资源产业方面进行合作，充分发挥优势，加速产业链升级。

（二）资本要素

一个地区经济是否有较强的增值能力，是否有较强的发展支持力，在一定程度上是由资本要素决定的，资本要素主要包括两个方面：资本数量和资本使用效率。资本数量是资本要素的基础因素，它可以对经济的增长产生或正或负的影响，而资本使用效率体现在资本效率中。由于资本要素指标反映了资本使用效率及资本数量，因而用其分析京津冀地区的资本要素禀赋情况，其指标差异便体现了各个经济主体未来的发展前景。

1. 指标选择

A——社会固定资产投资额，单位：亿元。

B——财政支出，单位：亿元。

C——地方财政收入，单位：亿元。

D——城乡居民储蓄存款，单位：亿元。

E——企业总资产贡献率，代表企业全部资产的获利能力，集中体现了企业经营业绩和管理水平，是评价和考核企业盈利能力的核心指标，单位:%。

F——企业成本费用利润率，反映企业降低成本所取得的经济效益，同时也反映企业投入生产成本及费用所取得的经济效益，单位:%。

G——外商投资总额，单位：亿美元。

因为数据获取受到限制，因此在本书中，企业总资产贡献率和企业成本费用利润率是以规模以上工业企业为指标选取基础的。表 5－1 为我国 31 个地区资本要素汇总。

表 5－1　我国 31 个地区资本要素汇总

地区	A	B	C	D	E	F	G
北京	6924.2	4524.67	4027.16	24158.4	7.7	7.97	1771
天津	10518.2	2884.7	2390.35	7916.9	15.73	8.39	1274
河北	26671.9	4677.3	2446.62	25690.1	11.33	5.77	545
山西	12354.5	3085.28	1820.64	14145.2	5.19	1.44	342

地区	A	B	C	D	E	F	G
内蒙古	17591.8	3879.98	1843.67	8013.7	9.94	7.17	229
辽宁	24730.8	5080.49	3192.78	21183.8	11.89	4.52	1832
吉林	11339.6	2913.25	1203.38	8556.7	17.04	6.54	318
黑龙江	9829	3434.22	1301.31	10856.9	15.41	8.34	228
上海	6016.4	4923.44	4585.55	21269.3	12.99	7.92	4579
江苏	41938.6	8472.45	7233.14	36580.6	15.87	6.71	6664
浙江	24262.8	5159.57	4122.02	30666.4	11.33	6.01	2404
安徽	21875.6	4664.1	2218.44	14599.4	13.15	5.6	416
福建	18177.9	3306.7	2362.21	12579	15.02	6.74	1565
江西	15079.3	3882.7	1881.83	10790.7	22.69	7.37	588
山东	42495.5	7177.31	5026.83	33178.6	16.85	6.54	1765
河南	30782.2	6028.69	2739.26	22417.2	15.78	7.83	478
湖北	22915.3	4934.15	2566.9	17247.6	14.93	6.14	654
湖南	21242.9	5017.38	2262.79	16413.6	19.05	5.47	405
广东	26293.9	9152.64	8065.08	52410.6	13.97	6.42	5126
广西	13843.2	3479.79	1422.28	10023	16.51	6.1	319
海南	3112.2	1099.74	555.31	2672.3	11.07	6.96	270
重庆	12285.4	3304.39	1922.02	10774.1	15.37	6.97	588
四川	23318.6	6796.61	3061.07	25312.5	12.49	6.26	725
贵州	9025.8	3542.8	1366.67	6620.6	13	8.03	119
云南	11498.5	4437.98	1698.06	9699.9	12.32	5.3	241
西藏	1069.2	1185.51	124.27	559.3	3.56	11.09	13
陕西	17191.9	3962.5	1890.4	13428.9	14.75	10.94	366
甘肃	7884.1	2541.49	672.67	6674.4	8.75	2.73	65
青海	2861.2	1347.43	251.68	1640.7	6.48	4.8	30
宁夏	3173.8	1000.45	339.86	2054.6	5.89	3.43	35
新疆	9447.7	3317.79	1282.34	6187.7	10.95	8.66	65

资料来源：《中国统计年鉴》（2015）。

2. 测算

本书的测算采用的是因子分析法，对上述 7 个指标具体使用 IBM SPSS20.0 软件中的因子分析功能进行处理。由表 5 - 2 可以看出，有 2 个特征值大于 1 的公共因子，而这 2 个公共因子对样本累计方差贡献率达 79.028%。

表 5 - 2　解释的总方差

成分	初始特征值			提取平方和载入			旋转平方和载入		
	合计	方差贡献率（%）	累计方差贡献率（%）	合计	方差贡献率（%）	累计方差贡献率（%）	合计	方差贡献率（%）	累计方差贡献率（%）
1	4.357	62.243	62.243	4.357	62.243	62.243	4.264	60.914	60.914
2	1.175	16.785	79.028	1.175	16.785	79.028	1.268	18.114	79.028
3	0.863	12.335	91.363						
4	0.394	5.629	96.992						
5	0.146	2.081	99.074						
6	0.051	0.730	99.804						
7	0.014	0.196	100.000						

注：提取方法为主成分法。

通过表 5 - 3 的分析，可以得知相比较而言，A、B、C、D、G 五个指标对因子 1 均有一定程度的影响，这反映出资本充足度的情况，也就是资本数量。而 E 和 F 两个指标则主要影响因子 2，其余指标均是略微影响，这反映出了资本的增值能力，或者说是资本的使用效率。以这两个因子对方差的贡献率占这两个因子之和对总方差的贡献率的比重为权重，各地区资本要素的综合水平则可以反映出来，计算公式如下：

$$资本要素的综合水平 = \frac{62.243\% \times 资本充足度 + 16.785\% \times 资本增值能力}{79.028\%}$$

(5 - 1)

表 5 - 3　旋转成分矩阵 *

指标	成分	
	1	2
A	0.825	0.167
B	0.966	0.074
C	0.948	0.170
D	0.965	0.007
E	0.334	0.718
F	-0.116	0.830
G	0.833	0.019

注：提取方法为主成分法；旋转法采用具有 Kaiser 标准化的正交旋转法。
* 旋转在 3 次迭代后收敛。

使用 IBM SPSS20.0 软件，表 5 - 4 所示为计算结果。

表 5 - 4　我国 31 个地区资本要素综合比较

地区	资本充足度		资本增值能力		资本要素的综合水平	
	分值	排名	分值	排名	分值	排名
北京	0.24	10	-0.37	23	0.11	12
天津	-0.49	22	1.02	3	-0.17	17
河北	0.42	9	-0.48	25	0.23	10
山西	-0.11	15	-2.79	31	-0.69	26
内蒙古	-0.39	18	-0.07	19	-0.32	21
辽宁	0.67	5	-0.87	27	0.34	8
吉林	-0.62	23	0.62	7	-0.36	23
黑龙江	-0.64	24	1.01	4	-0.29	20
上海	0.65	7	0.21	15	0.56	6
江苏	2.67	2	0.15	17	2.14	1

续表

地区	资本充足度		资本增值能力		资本要素的综合水平	
	分值	排名	分值	排名	分值	排名
浙江	0.97	4	-0.55	26	0.64	4
安徽	0.07	13	-0.22	21	0.01	15
福建	-0.08	14	0.35	14	0.01	16
江西	-0.32	17	1.66	2	0.10	13
山东	1.58	3	0.49	11	1.35	3
河南	0.49	8	0.91	5	0.58	5
湖北	0.22	11	0.18	16	0.21	11
湖南	0.16	12	0.52	9	0.24	9
广东	2.72	1	-0.35	22	2.07	2
广西	-0.43	20	0.40	13	-0.25	19
海南	-1.21	30	-0.05	18	-0.96	28
重庆	-0.42	19	0.51	10	-0.22	18
四川	0.66	6	-0.14	20	0.49	7
贵州	-0.73	26	0.62	6	-0.44	24
云南	-0.31	16	-0.43	24	-0.33	22
西藏	-1.61	31	0.41	12	-1.18	29
陕西	-0.46	21	1.84	1	0.03	14
甘肃	-0.65	25	-1.80	29	-0.90	27
青海	-1.16	29	-1.39	28	-1.21	30
宁夏	-1.10	28	-1.95	30	-1.28	31
新疆	-0.81	27	0.57	8	-0.52	25

资料来源：根据《中国统计年鉴》（2015）数据整理计算。

3. 综合分析

通过对表 5 - 2 的分析，可以明显看出因子 1 对于样本方差有一个较高的贡献率，这反映出目前主要是资本充足度在影响资本的综合水平，相较而言，资本增值能力的影响则很小。由表5–4中的数据，我们发现在增值能力排名中，处于京津冀地区中心的北京市竟然只排在了第23位，在计算资本使用效率时我们选择了规模以上工业企业为对象，因而这个现象说明北京市的工业企业在以高昂的成本换取更多的利润，同时体现了北京市工业企业亟须向外围进行转移的迫切性。从另一个方面来看，北京市资本充足度位列全国第10名，说明其有比较高的充足度，使北京市的资本要素综合水平不至于太落后，达到全国第12名。次中心城市天津市的资本充足度比北京市弱一些，排在第22名，但在资本增值能力方面却排在了全国第3名。河北省位于京津冀地区的外围，其资本充足度在全国排到第9名，高于北京市，但是其资本增值能力只排在全国第25名，低于北京市，两者共同作用使得河北省的资本综合水平在京津冀地区的排名最高。

现阶段京津冀地区处于传统工业经济与知识经济的交替之际，北京市的资金密集程度相对于其土地面积和人口来说已处于很高水平，北京市的资本增值能力在资金要素边际报酬递减规律的作用下则变得很低。天津市正处在一个过渡阶段，其工业经济正向知识经济过渡，因而高新技术产业逐渐形成，资本增值能力也不断提高，对资金的需求日益增加，而现有的资本还不能满足其需求，需要北京给予其资本的支持。处在外围的河北省依然处在以工业经济为主的阶段，其产业多为资源密集型产业和劳动力密集型产业，经过长时间发展获得了深厚的资本积累，但因产业发展滞后的限制，资本充足度这一有利条件未获得很好的利用，因而需要北京给予其技术人才方面的支持，促进其产业升级与转型。以京津冀目前的经济发展状况来看，地区间的资本流动是有利于达到利益最大化的目标的，如果京津冀经济圈能够在资金上达到互通有无的高度，那么对于各个地区以及区域整体来说都是大有裨益的。

（三）劳动力要素

一个地区若想要开发其他各种资源，首先应当考虑其人力资源开发能力的大小，被动的生产要素如自然资源、资本要素等取决于客观条件的限制，而只有人力资源是主观要素，它能促使自然资源的不断开发以及资本的积累。

劳动力素质、劳动力数量及劳动者发展与开发环境和条件决定了一个地区的劳动力要素。劳动力数量的多少处于劳动力开发过程中的基础地位，而劳动力的素质会直接影响后续工作的质量与效率。此外，劳动力发展与开发环境的好坏，决定了大量的劳动力是否会成为经济发展的重大负担，在劳动力达到充分开发的条件下，地区经济才会在劳动力要素的作用下快速发展。

1. 指标选择

A——城市化率，此处采取人口统计学中的指标，即城镇人口占总人口（包括农业与非农业）的比重。由于城市人口的发展环境比农村优越，所以此指标可以用来反映劳动力发展环境。单位：%。

B——人口数量，人口数量代表着一个地区劳动力资源的基础，体现了劳动力资源的潜力。本书以常住人口数表示，采用 2011 年的数据。单位：万人。

C——城镇居民家庭平均每百户计算机拥有量，因为计算机拥有量反映了居民在信息时代获取信息的基础设施条件。单位：台/百户。

D——人口识字率，用非文盲人口占 15 岁及以上人口的比重来表示。单位：%。

E——学历水平，用每万人中拥有大专及以上学历人口数来表示。单位：人/万人。

其中 A、C 体现劳动者发展与开发环境，B 代表劳动者数量，D、E 则反映劳动者素质。表 5 - 5 为我国各地区劳动力要素情况。

表 5 - 5　我国 31 个地区劳动力要素汇总

地区	A	B	C	D	E
北京	86.35	2152	112.13	98.52	3815
天津	82.27	1517	98.69	96.86	2285
河北	49.33	7384	75.53	96.86	794
山西	53.79	3648	74.07	97.11	985
内蒙古	59.51	2505	62.6	95.34	1089
辽宁	67.05	4391	77.67	98.22	1721
吉林	54.81	2752	74.71	97.12	1188
黑龙江	58.01	3833	60.52	97.27	1235
上海	89.60	2426	144.37	96.85	2713
江苏	65.21	7960	100.3	94.93	1428
浙江	64.87	5508	106.34	94.15	1510
安徽	49.15	6083	79.57	92.77	1049
福建	61.80	3806	109.09	94.46	1169
江西	50.22	4542	78.17	96.62	815
山东	55.01	9789	88.91	94.46	982
河南	45.20	8436	74.41	95.46	1036
湖北	55.67	5816	81.91	94.2	1143
湖南	49.28	6737	74.77	96.69	920
广东	68.00	10724	113.89	96.93	938
广西	46.01	4754	98.44	96.4	801
海南	53.76	903	65.56	95.58	813
重庆	59.60	2991	78.96	94.88	1286
四川	46.30	8140	74.25	92.82	906
贵州	40.01	3508	71.22	88.89	1038
云南	41.73	4714	69.85	91.77	681
西藏	25.75	318	63.11	60.07	260
陕西	52.57	3775	84.82	94.31	1104

地区	A	B	C	D	E
甘肃	41.68	2591	63.19	91.35	1031
青海	49.78	583	55.71	86.88	1282
宁夏	53.61	662	64.43	91.95	1067
新疆	46.07	2298	65.75	96.75	1325

资料来源:《中国统计年鉴》(2015)。

2. 测算

本书利用 IBM SPSS20.0 软件中的因子分析功能,分别处理以上 5 个指标,结果表明,人口数量因子对总方差的解释占比 25.23%,而劳动者素质及发展环境因子占比 55.21%,这一数据表明地区劳动力综合水平在很大程度上取决于劳动者的素质以及发展环境。表 5 - 6 为我国 31 个地区劳动力要素的综合比较。

表 5 - 6　我国 31 个地区劳动力要素综合比较

地区	人口数量		劳动力素质及发展环境		劳动力综合水平	
	分值	排名	分值	排名	分值	排名
北京	- 1.20	29	2.87	1	1.60	2
天津	- 0.97	27	1.71	3	0.87	4
河北	1.13	4	- 0.54	25	- 0.02	13
山西	0.02	15	- 0.19	15	- 0.12	19
内蒙古	- 0.53	22	- 0.13	14	- 0.26	23
辽宁	- 0.01	16	0.63	5	0.43	7
吉林	- 0.30	19	0.01	10	- 0.10	17
黑龙江	- 0.14	18	- 0.12	13	- 0.13	20
上海	- 0.55	24	2.74	2	1.71	1
江苏	1.08	5	0.51	7	0.69	5
浙江	0.39	11	0.70	4	0.60	6

地区	人口数量		劳动力素质及发展环境		劳动力综合水平	
	分值	排名	分值	排名	分值	排名
安徽	0.49	9	−0.40	22	−0.12	18
福建	0.10	14	0.54	6	0.40	8
江西	0.35	12	−0.37	21	−0.14	21
山东	1.67	2	−0.25	17	0.35	9
河南	1.25	3	−0.61	26	−0.02	14
湖北	0.46	10	−0.10	12	0.08	10
湖南	0.89	7	−0.46	23	−0.04	15
广东	2.23	1	0.44	8	1.00	3
广西	0.57	8	−0.22	16	0.03	11
海南	−0.81	26	−0.34	20	−0.48	25
重庆	−0.37	20	0.17	9	0.00	12
四川	1.08	6	−0.71	27	−0.15	22
贵州	−0.45	21	−0.77	29	−0.67	28
云南	0.15	13	−0.91	30	−0.58	27
西藏	−2.56	31	−2.30	31	−2.38	31
陕西	−0.05	17	−0.08	11	−0.07	16
甘肃	−0.63	25	−0.74	28	−0.71	29
青海	−1.60	30	−0.52	24	−0.86	30
宁夏	−1.17	28	−0.30	19	−0.57	26
新疆	−0.54	23	−0.28	18	−0.36	24

资料来源：根据《中国统计年鉴》（2015）数据整理计算。

3. 综合分析

通过表5-6的数据分析，我们很容易看出，京津冀各地区在劳动力综合水平上存在明显的梯度差异，在三省份中，北京劳动力综合水平很高，位于全国第2位，而河北则落后一些，位于全国第13位，天津位于全国第4位。在人口数量方面，河北的人口最多，排在全国第 4 位，其次是天津，位于全国第 27 位，北京人口最少，排在全国第 29 位。然而在现阶段劳动者的素质以及劳动者的发展环境主导着劳动力综合素质，所以，在京津冀地区中劳动者素质最高、发展环境最好的就是北京，这使得北京的劳动力综合水平也最高，排在全国第 2 位。与其相反的是河北，虽然拥有大量的人口，但劳动者发展环境欠佳，劳动力素质偏低，导致其劳动力综合水平在京津冀经济圈中排名最后。

通过深入的分析，我们可以知晓在京津冀经济圈中，不论是中心城市北京，还是外围省份河北，在劳动力的数量及质量上的特点均呈现出一种彼此互补促进的状态。劳动力要素假若能在各地区之间自由流动，那对于各个地区产业结构优化升级、产业逐步转移两方面均有重大意义。首先，对北京及天津来说，根据其劳动力素质较高的特点对产业进行合理的分配，比如可以将对劳动力素质要求比较低的产业向外围河北省进行转移，这样做不但可以解决河北省的劳动力剩余等问题，同时还可以降低产业成本。其次，河北省处于经济圈的外围，它可以充分结合自己的位置特点，积极与北京、天津合办企业，共享先进的科研成果，利用各种知识、创新思维，还可以采用参观培训、聘请专业人员的方式到北京、天津地区获取最前沿的科技。最后，为了中心城市的产业转移能顺利进行，留住更多优秀人才，河北省应当加大力度提升其劳动力发展环境。

（四）技术要素

经济增长依赖于技术的不断进步，地区技术水平主要在两个方面对经济增长产生促进作用：首先是技术要素的投入数量，它会影响到产出；其次是对经济可持续发展产生影响的技术要素产出和转化能力。

1. 指标选择

A——新产品产值率，即新产品产值与工业总产值之比，单位:%。

B——研发人员折合全时当量，单位：人年。

C——人均教育经费，单位：万元/人。

D——科技经费投入占 GDP 比重，单位:%。

E——专利授权量，单位：件。

F——技术合同成交总额，单位：亿元。

B、C、D 三个指标由于数据来源的限制，只分别选取规模以上工业企业的数值。表 5 - 7 为我国 31 个地区技术要素汇总。

表 5 - 7　我国 31 个地区技术要素汇总

地区	A	B	C	D	E	F
北京	21.47	57760.6	4646.08	2.79	74661	4247.00
天津	19.96	79014.4	3757.16	2.05	26351	5665.11
河北	7.06	75141.7	1394.66	0.89	20132	3334.03
山西	5.19	35774.8	1896.45	0.98	8371	924.68
内蒙古	2.85	27067.8	2443.74	0.61	4031	557.32
辽宁	8.27	63374.2	2118.44	1.13	19525	4036.96
吉林	7.12	24394.5	1991.41	0.57	6696	1659.99
黑龙江	3.93	37509.1	1566.99	0.64	15412	527.28
上海	23.81	93867.9	3738.55	1.91	50488	8446.96
江苏	16.58	422864.5	2495.33	2.11	200032	23540.93
浙江	25.64	290338.6	2630.80	1.91	188544	16507.86
安徽	14.34	95287.1	1711.83	1.37	48380	5280.88
福建	9.47	110892.4	2161.85	1.31	37857	3511.71
江西	5.65	28803.1	1824.09	0.82	13831	1756.38
山东	10.17	230799.7	1817.98	1.98	72818	14555.82
河南	7.60	134256	1846.51	0.97	33366	5168.95
湖北	12.74	91455.5	1542.69	1.33	28290	5274.59
湖南	18.84	77428.2	1600.79	1.15	26637	6310.37
广东	17.59	424872.4	2310.29	2.03	179953	20313.32

续表

地区	A	B	C	D	E	F
广西	7.13	22792.8	1639.50	0.54	9664	1348.42
海南	8.44	3483.8	2461.65	0.32	1597	148.26
重庆	19.32	43796.9	2195.13	1.17	24312	3610.78
四川	7.12	62144.7	1696.01	0.69	47120	2711.30
贵州	4.72	15658.8	1938.37	0.44	10107	408.37
云南	5.00	12980.3	1910.67	0.40	8124	518.26
西藏	2.27	130.1	3794.79	0.03	146	0.00
陕西	5.77	50753.2	2364.75	0.91	22820	1126.76
甘肃	7.76	14379.8	1856.83	0.68	5097	719.35
青海	0.38	2068.2	2691.95	0.40	619	8.57
宁夏	5.42	5798.9	2385.10	0.68	1424	191.28
新疆	5.19	6688.3	2606.55	0.39	5238	483.79

资料来源：《中国统计年鉴》（2015）。

2. 测算

技术投入可以由 B、C、D 反映，技术产出可以由 A、E、F 代表。上述指标指代清晰、含义明确且其分别反映了评价的一个方面，因而我们分别对上述两组指标进行 IBM SPSS20.0 软件处理，分别计算因子载荷和特征值，同时分析综合因子来说明不同地区技术的综合水平，计算结果如表 5 - 8 所示。

表 5 - 8　我国 31 个地区技术要素综合比较

地区	技术要素投入		技术要素产出		技术要素综合水平	
	分值	排名	分值	排名	分值	排名
北京	2.09	3	2.82	1	2.45	1
天津	1.27	5	0.64	6	0.96	6
河北	- 0.50	17	- 0.49	17	- 0.50	17

地区	技术要素投入		技术要素产出		技术要素综合水平	
	分值	排名	分值	排名	分值	排名
山西	− 0.42	16	− 0.70	24	− 0.56	18
内蒙古	− 0.55	18	− 0.91	29	− 0.73	24
辽宁	− 0.10	12	− 0.30	15	− 0.20	14
吉林	− 0.75	25	− 0.60	21	− 0.67	21
黑龙江	− 0.80	27	− 0.68	23	− 0.74	25
上海	1.22	6	1.22	5	1.22	5
江苏	2.28	1	1.87	3	2.08	2
浙江	1.63	4	2.11	2	1.87	4
安徽	0.07	9	0.30	9	0.19	8
福建	0.25	8	− 0.19	14	0.03	12
江西	− 0.60	19	− 0.62	22	− 0.61	19
山东	1.15	7	0.26	11	0.71	7
河南	− 0.04	11	− 0.35	16	− 0.19	13
湖北	− 0.04	10	0.29	10	0.13	10
湖南	− 0.22	14	0.39	8	0.09	11
广东	2.16	2	1.70	4	1.93	3
广西	− 0.91	29	− 0.58	20	− 0.75	26
海南	− 0.87	28	− 0.56	19	− 0.72	23
重庆	− 0.13	13	0.44	7	0.16	9
四川	− 0.61	21	− 0.17	12	− 0.39	16
贵州	− 0.91	30	− 0.73	26	− 0.82	28
云南	− 0.96	31	− 0.71	25	− 0.84	29
西藏	− 0.64	22	− 1.14	31	− 0.89	30
陕西	− 0.24	15	− 0.18	13	− 0.21	15
甘肃	− 0.76	26	− 0.51	18	− 0.63	20

地区	技术要素投入		技术要素产出		技术要素综合水平	
	分值	排名	分值	排名	分值	排名
青海	− 0.73	23	− 1.09	30	− 0.91	31
宁夏	− 0.60	20	− 0.77	28	− 0.68	22
新疆	− 0.75	24	− 0.75	27	− 0.75	27

资料来源：根据《中国统计年鉴》（2015）数据整理计算。

3. 综合分析

通过对比各个地区的技术要素水平可以看出，北京处于京津冀经济圈的领先地位，技术投入方面与技术产出方面均是如此，因为北京是我国很多重大技术创新的发源地，拥有较强的科技实力。北京的技术投入与产出分别位于全国的第 3 名及第 1 名，因此北京理应作为京津冀地区的技术研发中心。天津作为京津冀经济圈的次中心，其实力也不容小觑，技术要素投入与产出分别排在全国的第 5 名及第 6 名，其综合水平在全国排到第 6 名。然而河北省的技术水平则远低于北京、天津，它的技术要素投入与产出均排在全国第 17 名，综合水平为全国第 17 名。提高区域整体的科技创新能力需要进行技术要素的大量转移。河北省应当认清自身不足之处，主动开展一些活动解决自身遇到的困难，可以学习北京、天津的先进技术，通过开展一些具体的会议研讨、项目合作等方式来提升自己。同时，作为共同的经济发展合作伙伴，北京和天津应当积极参与到河北省的产业技术研发当中，可以采取技术入股等方式，发挥技术要素的最大优势，实现技术转移和产出能力的不断提高。

二 产业结构差异

在本部分地区产业结构差异的表述中将使用产业结构差异度 D，各地区产业结构在三次产业前提下，均被视为一个在三维空间中的点，因而三个不同的点代表三个省市极，表示两地产业结构差异的指标由两点间的距离 D_{rs} 测度，其计算公式如下：

$$D_{rs} = \sqrt{\sum_{j=1}^{3} \left(x_{rj} - x_{sj} \right)^2} \qquad (5-2)$$

其中，x_{rj} 表示 r 地区 j 次产业的比值，x_{sj} 表示 s 地区 j 次产业的比值，D_{rs} 表示地区 r 和地区 s 之间的产业结构差异度。

京津冀三地 2014 年三次产业比值如表 5-9 所示。

表 5-9　2014 年京津冀三次产业比值

单位：%

产业 ＼ 地区	北京	天津	河北
第一产业	0.7	1.3	11.7
第二产业	21.3	49.2	51.0
第三产业	77.9	49.6	37.3

资料来源：《中国统计年鉴》(2015)。

京津冀三地 2014 年相互之间产业结构差异度计算结果如表 5-10 所示。

表 5-10　2014 年首都经济圈地区产业结构差异度

	$D_{京津}$	$D_{京冀}$	$D_{津冀}$
产业结构差异度	39.7	51.5	16.2

资料来源：《中国统计年鉴》(2015)。

不同地区拥有的产业结构差异度越大，代表两个地区之前有很强的互补性。互补性会使地区之间的产业转移变得更容易。通过分析表 5-10 中数据可以看出，北京与河北之间、北京与天津之间具有很强的互补性，因而产业转移趋势明显。

第二节　政府调控

市场在产业转移过程中起着主要的调节作用，扮演着总导演的角色，产业转移中的最佳指挥棒无疑是市场的价值规律。然而在产业转移过程中政府也发挥着不容忽视的作用，它是经济发展的"牵引器"，政府会在宏观上调控引导产业转移，同时在政策上给予相应的鼓励。目前，京津冀地区还没有一个可以全面规划管理的区域性政府机构，主要原因在于其拥有不同的行政区划，进而缺少区域协调合作的总体机制。从目前状况来看，主要是中央政府在积极促成区域之间的经济发展与合作。

一　中央政府

最近几年，党中央、国务院对于京津冀地区的经济发展高度重视，在包括京津冀三家地方政府在内的各级政府的努力配合下，京津冀经济圈之间的合作越来越频繁，企业之间积极参与合作项目，高层之间彼此交流沟通，京津冀经济圈展现出前所未有的崭新面貌。2011年，"十二五"国家发展战略公布，在该战略中提出向世界推出京津冀一体化，并将其作为推动东部三大区域经济一体化的重点战略，以京津冀的发展支持东部地区率先发展。国家希望能通过推动京津冀地区的发展打造全国经济发展"第三极"。这个重大决策是在经济全球化深入发展的背景下做出的一个战略选择，京津冀作为我国创新资源密集、战略性新兴产业基础良好的区域，在国家自主创新战略及引领我国参与全球创新竞争中承担着重大历史使命。京津冀地区三地政府面临着共同的问题，其发展结构必须做出相应的调整，应当各自按照自身的特点决定自身的产业结构，同时为地区选择相对应的发展方式。在旅游、生态、交通、资源、能源等方面京津冀三地已经有了长期有效的合作。相对比较完整的外部交通体系，尤其是铁路、公路、港口、空港等均在京津冀经济圈内形成一定的优势。在现有交通条件下，若乘坐高铁，从北京到天津只需半个小时，从河北邯郸到北京也只需要两个小时。高速铁路网目前正在建设中，届时北京的"1 小时都市圈"将会囊括沧州、保定、唐山等周边城市。在工业产业转移方面也取得了一些成就，北京首都钢铁公司现加入位于河北唐山的曹妃甸开发区，像这样的企业搬迁改造过程是在城市互动过程中实现产业优化过程的一个很好的实例，同时它加速了产业结构调整的进程。

在我国"十一五"期间，国家重点关注位于天津的滨海新区，给予其东北振兴战略以及高新区双重发展优惠政策，因而滨海新区转移了部分国内企业，同时有大量跨国公司愿意将资金投在此处。除此之外，天津由于是国家综合配套改革试验区，拥有大量的在金融改革创新领域的先行先试权，从而得到一些跨行业新业务的增长点，导致金融资源不断流入。

二　产业承接地政府

京津冀地区产业转移的顺利实施需要依靠中央政府的大力推动，但源自产业承接地政府的产业承接拉力同样发挥着重要的作用。实际上，产业转移是一种博弈行为，这种博弈来自产业承接地的各个政府之间，因为它们均以提高自身生产力为目标。产业承接地政府会采取各种措施以保证产业转移的顺利进行，例如改善投资环境、加快制度创新、加大招商引资力度等。

天津市目前已经拥有了保税区以及经济技术开发区，作为第一批开放的沿海城市，其开发区的各项指标在全国范围内均位于前列。天津市是环绕渤海各地区的经济中心，它充分发挥了自己的区位优势，使得石油化工产业得到大力发展，同时其拥有技术装备先进、综合配套能力极强的重型设备制造及物流服务产业。天津市拥有较高的人均工业产值，滨海新区的发展受到天津市政府高度重视，其已被塑造成为整合沿海地带的重点建设区域，是天津市最大的经济增长点，已被列入国家发展战略，目前已经有七大主导产业：生物制药、电子通信、食品加工、汽车与装备制造、石油开采与加工、海洋化工、现代冶金。天津市政府在产业转移过程中，始终立足自身产业优势，利用高科技成果，不断延伸产业链，为北京市科技成果的转化扩散提供了市场。

河北省政府高度重视重化工业及能源和原材料的加工业，这与河北省的产业特点是相一致的，这保障了京津地区加工业的发展。与此同时，河北省政府继续在农副产品的供应上与京津地区展开合作。最近几年，河北省拥有三大农业支柱产业（果品、畜牧、蔬菜）和七大工业主导产业（食品、钢铁、建材、装备制造、石油化工、纺织、医药），同时还产生了三大新兴支柱产业，它们分别为现代物流、旅游、电子信息，这些产业为河北省带来了市场基础积累和物质基础积累。而现在正处于河北省进行产业结构战略性调整的关键时刻，河北省政府将努力承接京津地区的转移产业，以快速实现自身产业结构的优化升级，促进经济高速发展。"环首都绿色经济圈规划"是在2011年由河北省政府提出的，"1圈、3城、4区、6基地"的建设便是其中的一项计划，这表明了河北省政府在产业对接上已采取了积极的措施。河北省的曹妃甸新区在国家政策的扶持下高速发展，它在自身发展的同时，也在区域产业链型链接方面起到了带头作用。首钢加入曹妃甸工业区以及曹妃甸的不断建设完善促使河北省在石油、化工、钢铁等领域成为京津冀地区大型企业改造、迁建和发展重化工产业的基地，同时也是进口原材料的供给基地。

通过对以上各个地区进行分析，我们可以看出在推动京津冀产业转移的过程中，表现较为积极的是国家层面及产业承接地，而北京和天津之间的关系则协调困难，因为它们是产业转出地，拥有很多相同的发展目标和产业特点，有很多城市功能及产业二者均不愿放弃，所以它们竞相颁布优惠政策，展开竞争。例如在高科技的发展方面，北京拥有多达 27 个科技园区，天津拥有 13 个，两地的开发区不断压低市场准入、土地使用、税费方面的限制条件以此争夺客户。这种恶性竞争会使自身利益、区域利益，甚至国家利益均受到损害，同时还会造成严重的资源流失，使原有的优势相互抵消。

除了北京与天津的协调障碍外，河北省作为产业承接地也存在很多不足之处，其中最主要的便是其与中心城市较大的产业梯度落差，这使得河北省顺利承接产业转移受阻。这一问题可以从以下两个方面进行阐述：第一，河北省缺乏良好的产业集群，它的中小城市经济发展水平普遍不高，因而其自身由于缺少依托与外延会受到一定限制；第二，河北省内经济发展步调尚不统一，区位优势不明显且发展不平衡。河北省经济实力较强的秦皇岛、石家庄、邯郸并不直接与北京相邻，导致其没有机会与京津地区加强联系。而唐山、廊坊等位于河北省的东南部，其交通便利，与京津地区联系则更为容易，因此有更多机会接受产业转移。此外，河北省有很多地方的地理特征比较特殊，导致其经济发展相对落后，如在北京西北部的张家口、承德等地，其参与京津冀区域合作的机会很少，难以与京津地区建立紧密的联系。

从目前的情况来看，京津冀三地在区域合作中均有自己鲜明的特点。北京市生产性服务业发达，工业产业逐步转移，进入后工业化时期；天津市在高端生产制造业上拥有雄厚的实力；河北省则依然传承了传统工业优势。这三个地区在第二产业上具有较大的产业梯度，但彼此之间各有优劣，可以形成良好的互补。因而在开展区域合作过程当中，应当深入分析各地的优势特点，合理分配工业行业，使产业转移能有效实施。只有这样才能不断缩小经济梯度，提高整个区域的竞争优势。

第六章 京津冀产业转移的行业
选择与布局优化

在京津冀经济圈产业转移的过程中，我们首先要确定对产业转出地的哪些产业进行转移，这是产业转移最主要也是最核心的问题。此外，对转移产业的选择、对区域内的产业结构优化与升级，以及区域间的协调发展也都起着至关重要的作用。

第一节 行业评价指标的选取

产业梯度系数是描述两地之间、多地之间产业差异的重要指标。产业梯度系数（IICG）的计算，通常为区位熵（LQ）与比较劳动生产率（CPOR）两者的乘积。其中，区位熵代表的是一个地区特定部门的产值在地区总产值的比例与全国该部门的产值占全国工业总产值的比例的比值，通常用来判断一个产业在某一地区的专业化程度，或是反映相关基础要素的利用效率；比较劳动生产率代表的是特定部门1%的劳动力所创造的产值在国内生产总值中所占的比例，即某地区某行业产值占全国工业总产值的比例与在该地区该行业就业的劳动力占全国总劳动力数量比例的比值，能够客观体现某产业的劳动生产率水平。

关于产业梯度系数的计算，由于区位熵无法表示区域间劳动生产力水平的差异，而在添加了比较劳动生产率后，不仅弥补了这一缺点，而且能够体现出行业技术创新等相关要素，此外该方法计算简单，结果通俗易懂，可以为政策制定提供有益参考，因此在近些年的国内区域产业梯度转移的研究中被越来越多地使用。但是这一方法无法反映出资本要素的差异水平，而资本产出率也是产业转移的一个重要方面，在相关技术水平不变的前提下，相关产业由低资本产出率区域向高资本产出率区域转移。因此我们在衡量区域间产业转移影响，选择转移行业时，除了考虑相关产业的专业化程度、劳动力生产率之外，还需要考虑资本回报率。本书对原有产业梯度计算方法进行改进，使之能够全面、有效地衡量区域间产业差异，从而选择适当的产业进行转移。

基于以上考虑，我们在传统产业梯度计算公式中添加比较资本产出率（CCOR），它反映资本的盈利能力。那么，最终我们的产业梯度计算方法为区位熵、比较资本产出率和比较劳动生产率三者的乘积。

在添加了资本产出率后，新的产业梯度计算方法已经基本反映了静态空间上的区域间产业的差异情况，但区域间产业的差异会随着时间而改变，处于不断变化的动态空间中，因此我们还要在一定的时间维度内，对区域间的产业进行纵向比较。由此，我们要引入比较行业增长率（CIGR）这一指标来反映行业自身在一定时间维度的动态发展情况。这一指标针对的仅是产业转移转出地，由于产业转移还未实现，对于产业转移承接地来说不需要考虑行业的动态发展，因此就不需要比较行业增长率这一指标，但还是需要运用改进后的产业梯度系数对承接地相关行业进行横向比较。

第二节　行业评价指标的构建

一　产业梯度系数（IICG）

$$IICG_{ir} = LQ_{ir} \times CPOR_{ir} \times CCOR_{ir} \qquad (6-1)$$

$$LQ_{ir} = \frac{Y_{ir} \sum_{i=1}^{n} Y_i}{Y_i \sum_{i=1}^{n} Y_{ir}} \times 100\% \qquad (6-2)$$

$$CPOR_{ir} = \frac{Y_{ir} \sum_{i=1}^{n} P_i}{P_{ir} \sum_{i=1}^{n} Y_i} \times 100\% \qquad (6-3)$$

$$CCOR_{ir} = \frac{Y_{ir} \sum_{i=1}^{n} C_i}{C_{ir} \sum_{i=1}^{n} Y_i} \times 100\% \qquad (6-4)$$

公式中各项指标含义如下。

LQ_{ir}——i 行业在 r 地区的区位熵。

Y_{ir}——i 行业在 r 地区的总产值。

$\sum_{i=1}^{n} Y_{ir}$——r 地区的工业总产值。

Y_i——i 行业的全国总产值。

$\sum_{i=1}^{n} Y_i$——全国工业总产值。

$CPOR_{ir}$——i 行业在 r 地区的比较劳动生产率。

P_{ir}——i 行业在 r 地区的从业人员数。

$\sum_{i=1}^{n} P_i$——i 行业在全国的从业人员数。

$CCOR_{ir}$——i 行业在 r 地区的比较资本产出率。

C_{ir}——i 行业在 r 地区的总资产。

$\sum_{i=1}^{n} C_i$——i 行业在全国的总资产。

当区位熵大于 1 时，可以认为该产业在该地区具有专业化优势，产品供大于求，应当对外输出；当区位熵小于 1 或等于 1 时，则认为该产业不具有专业化优势，产品不能自给，部门专业化程度低，产品生产不能满足需求，该地区为输入地区。

当比较劳动生产率大于 1 时，可以认为该部门的劳动生产率在全国平均水平之上；当比较劳动生产率小于 1 时，则正好相反。通常，如果一个行业的比较劳动生产率较低，那么在利润引导下，属于该行业的各生产要素一般会转移到比较劳动生产率较高的行业。

当比较资本产出率大于 1 时，该行业资本在某一地区的盈利能力比全国平均水平要高；反之，该行业资本在某一地区的盈利能力比全国平均水平要低。资本往往会由低回报率地区向高回报率地区转移。

由此可见，产业梯度系数可以较为全面地体现出某地区特定行业的发展程度：如果某地区某产业的产业梯度系数大于1，表示在该地区该产业具有发展优势，且发展优势大小与产业梯度系数大小同向变化；若某地区某产业的产业梯度系数小于1，说明该行业在该地区没有发展优势，区域内某一产业优势大小与产业梯度系数大小呈现正相关的关系。

二 比较行业增长率（CIGR）

$$CIGR_{ir(0-t)} = \frac{G_{ir(0-t)}}{G_{i(0-t)}} = \frac{Y_{irt}/Y_{ir0} - 1}{Y_{it}/Y_{i0} - 1} \times 100\% \qquad (6-5)$$

公式中各指标含义如下。

$G_{ir(0-t)}$——$0-t$ 时期的 i 行业在 r 地区的增长率。

$G_{i(0-t)}$——$0-t$ 时期全国 i 行业的增长率。

Y_{irt}—— t 时期 i 行业在 r 地区的总产值。

Y_{ir0}—— 基期 i 行业在 r 地区的总产值。

Y_{it}—— t 时期 i 行业在全国的总产值。

Y_{i0}—— 基期 i 行业在全国的总产值。

比较行业增长率反映的是特定地区特定行业的比较增长速度。以下分不同情况进行讨论。

首先，若 $G_{i(0-t)} > 0$，即全国范围内 i 行业在 $0-t$ 时期的增长率大于0，则表示在这一时期全国范围内 i 行业处于成长阶段。若此时 $CIGR_{ir(0-t)} > 0$，即比较行业增长率大于0，则说明该时期 i 行业在地区和全国的增长率是同向变化的。

①若 $0 < CIGR_{ir(0-t)} < 1$，即比较行业增长率大于0且小于1，则说明 $0-t$ 时期的 i 行业不断发展，但是发展速度是低于全国平均水平

的，此时，i 行业可能会向外发生转移。

②若 $CIGR_{ir(0-t)} > 1$，即比较行业增长率大于 1，则说明 i 行业的增长率大于全国增长率，表示 i 行业在 $0-t$ 时期向 r 地区发展迅速，出现产业集聚现象。

其次，若 $G_{i(0-t)} < 0$，即全国范围内 i 行业在 $0-t$ 时期的增长率小于 0，则表明 i 行业在全国范围内的规模正在缩小。若 $CIGR_{ir(0-t)} > 1$，即比较行业增长率大于 1，则表明 r 地区 i 行业规模收缩比全国情况更为严重。

通过以上分析，可以得出某产业在某地区是否具有向外部转移趋势的指标评价。

（1）$IICG_{ir} < 1$，$G_{i(0-t)} > 0$，$CIGR_{ir(0-t)} < 0.8$

也就是说产业梯度系数比 1 小，i 行业的增长率大于 0，但此地比较行业增长率比 0.8 小，这些指标结果表明 r 地区 i 行业的发展水平与全国平均水平相比明显偏低，产业萎缩情况严重。

（2）$IICG_{ir} < 1$，$G_{i(0-t)} < 0$，$CIGR_{ir(0-t)} > 1$

也就是产业梯度系数比 1 小，i 行业在全国范围内的增长率小于 0，可是该时期 i 行业在 r 地区的比较行业增长率大于 1，表明 r 地区 i 行业的增长速度仍低于全国平均水平，产业萎缩加速。

第三节 北京市衰退行业及转移行业选择

在第二节中，给出了区位熵、比较劳动生产率和比较资本产出率的计算公式（6-2）、（6-3）、（6-4），据此计算作为京津冀经济圈中心的北京在 2014 年的区位熵、比较劳动生产率和比较资本产出率，并根据公式（6-1），用计算得出的数据算出对应的产业梯度系数，然后以 2010 年为基期，运用公式（6-5）计算出 2010 年到 2014 年 5 年的比较行业增长率。为了消除价格水平变化因素的影响，在计算过程中，所采用的指标值均按当年价格处理。计算结果见表6-1。

表6-1　2014年北京产业梯度系数与比较行业增长率对比

工业行业	LQ	CPOR	CCOR	IICG	IICG 排名	CIGR	$G_{(0-t)}$	是否具有转移趋势
煤炭开采和洗选业	1.25	9.24	3.59	41.49	1	-0.25	>0	是
石油和天然气开采业	—	—	—	—	—	—	—	—
黑色金属矿采选业	0.84	0.54	0.07	0.03	32	-0.55	>0	是
有色金属矿采选业	—	—	—	—	—	—	—	—
非金属矿采选业	0.03	1.32	0.24	0.01	34	-0.47	>0	是
其他采矿业	—	—	—	—	—	—	—	—
农副食品加工业	0.36	1.03	0.48	0.18	25	0.43	>0	是
食品制造业	0.83	0.76	0.54	0.34	20	0.59	>0	是
饮料制造业	0.69	0.91	0.40	0.25	23	0.20	>0	是
烟草制品业	—	—	—	—	—	—	—	—
纺织业	0.03	0.78	0.23	0.01	25	-2.21	>0	是
纺织服装、鞋、帽制造业	0.39	1.08	0.48	0.20	24	0.39	>0	是
皮革、毛皮、羽毛（绒）及其制品业	0.05	1.61	0.56	0.04	28	0.32	>0	是
家具制造业	0.64	1.40	0.54	0.49	18	-0.25	>0	是
木材加工及木、竹、藤、棕、草制品业	0.06	1.01	0.35	0.02	33	0.57	>0	是
造纸及纸制品业	0.28	1.73	1.05	0.50	17	-0.15	>0	是
印刷业和记录媒介的复制	1.06	1.37	0.45	0.65	13	-0.07	>0	否
文教体育用品制造业	0.33	3.04	0.48	0.49	18	1.23	>0	是
石油加工、炼焦及核燃料加工业	1.23	1.56	1.87	3.59	6	0.06	>0	否
化学原料及化学制品制造业	0.25	0.79	0.56	0.11	26	-0.02	>0	是
医药制造业	1.71	0.96	0.61	0.99	12	0.81	>0	否

续表

工业行业	LQ	CPOR	CCOR	IICG	IICG 排名	CIGR	$G_{(0-t)}$	是否具有转移趋势
化学纤维制造业	—	—	—	—	—	—	—	
橡胶及塑料制品业	0.22	0.99	0.43	0.09	27	0.07	>0	是
非金属矿物制品业	0.50	1.49	0.42	0.31	21	0.30	>0	是
黑色金属冶炼及压延加工业	0.11	1.20	0.32	0.04	29	-1.87	>0	是
有色金属冶炼及压延加工业	0.09	0.62	0.73	0.04	30	-0.06	>0	是
金属制品业	0.50	1.31	0.42	0.27	22	0.38	>0	是
通用设备制造业	0.69	1.61	0.52	0.58	14	0.01	>0	是
专用设备制造业	1.00	1.34	0.39	0.52	16	0.28	>0	否
汽车制造业	3.25	2.04	0.89	5.88	4	—	—	—
电气机械及器材制造业	0.65	1.62	0.50	0.53	15	0.10	>0	否
铁路、船舶、航空航天和其他运输设备制造业	1.21	1.33	0.72	1.16	10	1.48	>0	否
通信设备、计算机及其他电子设备制造业	1.68	2.29	0.60	2.31	6	0.16	>0	否
仪器仪表及文化、办公用机械制造业	1.84	1.48	0.49	1.34	9	0.44	>0	否
其他制造业	1.19	2.21	0.38	1.00	11	—	—	
废弃资源综合利用业	0.12	0.74	0.42	0.04	31	-0.50	>0	否
金属制品、机械和设备修理业	2.63	2.31	0.98	5.98	3	—	—	
电力、热力生产和供应业	4.28	4.48	0.64	12.34	2	2.36	>0	否
燃气生产和供应业	3.48	1.71	0.84	4.98	5	0.92	>0	否
水的生产和供应业	2.22	2.67	0.45	2.68	7	1.61	>0	否

资料来源：《中国统计年鉴》（2015），《北京市统计年鉴》（2015）。

在北京地区，有 14 个行业的区位熵是大于 1 的，说明北京地区这些行业的专业化水平较高，包括：煤炭开采和洗选业，印刷业和记录媒介的复制，石油加工、炼焦及核燃料加工业，医药制造业，专用设备制造业，汽车制造业，铁路、船舶、航空航天和其他运输设备制造业，通信设备、计算机及其他电子设备制造业，仪器仪表及文化、办公用机械制造业，其他制造业，金属制品、机械和设备修理业，电力、热力生产和供应业，燃气生产和供应业，水的生产和供应业。

但在北京地区以上行业的比较资本产出率中，有 9 个行业的指标值比次中心和外围地区要小，这 9 个行业分别是：医药制造业，仪器仪表及文化、办公用机械制造业，专用设备制造业，通信设备、计算机及其他电子设备制造业，印刷业和记录媒介的复制，铁路、船舶、航空及其他运输设备制造业，其他制造业，电力、热力生产和供应业，水的生产和供应业。这说明不应该为这 9 个行业进行专业化而投入更多的资金。除此之外，在石油化工、炼焦及核燃料加工业，煤炭开采与洗选业，铁路、船舶、航空航天和其他运输设备制造业这 3 个行业，北京市的比较劳动生产率比河北省小，表明在这 3 个行业中，一些与劳动者有关的要素，诸如劳动者技术水平、创新能力以及新技术转化为实际生产力的水平都较低。

通过对产业梯度系数和比较行业增长率进行综合比较可以发现，煤炭开采和洗选业，废弃资源和废旧材料回收加工业，皮革、毛皮、羽毛（绒）及其制品业，有色金属冶炼及压延加工业，金属制品业，黑色金属矿采选业，黑色金属冶炼及压延加工业，化学原料及化学制品制造业，橡胶制品业，塑料制品业，造纸及纸制品业，食品制造业，饮料制造业，农副食品加工业，纺织服装、鞋、帽制造业，文教体育用品制造业这 16 个行业，近 5 年在北京地区的行业增长率偏低，优势并不明显，已经出现产业转移的趋势。但是，汽车制造业，仪器仪表及文化、办公用机械制造业，燃气生产和供应业，电力、热力生产和供应业，通信设备、计算机及其他电子设备制造业这5个行业均达到了北京地区工业产业梯度系数按从大到小排列的前8名的水平，在北京地区仍然具有较强的比较优势，说明无论是从北京市自身发展考虑，还是以区域整体发展为出发点，这5个行业都应该继续在北京地区发展，不断提高专业化水平。

第四节　外围地区优势行业及承接行业选择

一　产业梯度系数

以第二节中相关公式为参考，计算京津冀经济圈外围地区的产业梯度系数，结果见表6-2。

表6-2　京津冀经济圈2014年外围地区产业梯度系数

工业行业	天津				河北				承接优势地区
	LQ	CPOR	CCOR	IICG	LQ	CPOR	CCOR	IICG	
煤炭开采和洗选业	2.47	22.13	2.59	141.57	1.00	1.20	1.20	1.44	天津
石油和天然气开采业	4.06	4.22	1.43	24.53	0.56	0.65	0.72	0.26	天津
黑色金属矿采选业	0.50	0.99	0.89	0.44	6.05	1.14	1.20	8.23	河北
有色金属矿采选业	—	—	—	—	0.20	—	1.05	—	—
非金属矿采选业	0.10	0.40	0.05	0.01	0.57	0.68	1.13	0.44	河北
其他采矿业	—	—	—	—	—	—	—	—	—
开采辅助活动	2.12	1.14	1.33	3.23	—	—	—	—	—
农副食品加工业	0.52	1.33	0.69	0.48	0.80	1.05	0.97	0.82	河北
食品制造业	2.55	2.55	1.58	10.32	1.08	1.03	1.21	1.34	天津
酒、饮料和精茶制造业	0.43	1.36	1.13	0.65	0.68	1.02	0.94	0.66	—
烟草制品业	—	—	—	—	—	—	—	—	—
纺织业	0.10	0.48	0.46	0.02	1.04	0.89	1.53	1.41	河北

续表

工业行业	天津				河北				承接优势地区
	LQ	CPOR	CCOR	IICG	LQ	CPOR	CCOR	IICG	
纺织服装、鞋、帽制造业	0.61	0.78	0.98	0.46	0.46	1.24	1.24	0.71	河北
皮革、毛皮、羽毛（绒）及其制品业	0.16	0.92	0.91	0.13	2.13	2.06	1.66	7.31	河北
木材加工及木、竹、藤、棕、草制品业	0.05	0.26	0.66	0.01	0.44	0.95	0.86	0.36	河北
家具制造业	0.47	0.80	0.71	0.27	0.73	1.26	0.98	0.91	河北
造纸及纸制品业	0.66	0.89	0.99	0.58	0.87	1.08	1.40	1.30	河北
印刷业和记录媒介的复制	0.53	0.85	0.91	0.41	1.09	1.23	1.34	1.79	河北
文教、工美、体育和娱乐用品制造业	1.12	1.92	1.57	3.38	0.50	0.87	1.01	0.44	天津
石油加工、炼焦及核燃料加工业	1.10	1.60	1.48	2.62	1.10	0.70	0.99	0.76	天津
化学原料及化学制品制造业	0.69	1.24	0.81	0.69	0.71	0.71	1.08	0.55	—
医药制造业	0.83	1.00	0.62	0.51	0.76	0.78	0.78	0.46	天津
化学纤维制造业	0.09	0.82	2.56	0.19	0.26	0.37	1.16	0.11	—
橡胶和塑料制品业	0.70	1.00	0.81	0.57	0.96	1.05	1.16	1.16	河北
非金属矿物制品业	0.25	0.90	0.59	0.13	0.79	0.73	0.69	0.40	—
黑色金属冶炼及压延加工业	2.41	1.70	0.95	3.90	3.73	1.09	0.96	3.91	河北
有色金属冶炼及压延加工业	0.73	1.84	1.90	2.56	0.28	0.57	1.23	0.19	天津
金属制品业	1.33	1.14	0.96	1.46	1.72	1.35	0.64	1.50	河北
通用设备制造业	0.90	1.05	0.85	0.81	0.68	0.78	1.21	0.64	天津
专用设备制造业	1.26	1.13	0.81	1.15	0.93	0.92	0.99	0.84	—
汽车制造业	1.17	1.10	1.31	1.69	0.68	0.75	0.94	0.48	天津
铁路、船舶、航空航天和其他运输设备制造业	2.05	1.64	1.10	3.70	0.64	0.90	0.91	0.52	天津
电气机械及器材制造业	0.66	1.38	0.94	0.86	0.68	1.13	0.93	0.72	天津

续表

工业行业	天津				河北				承接优势地区
	LQ	CPOR	CCOR	IICG	LQ	CPOR	CCOR	IICG	
计算机、通信及其他电子设备制造业	1.35	1.62	1.57	3.43	0.12	0.60	0.59	0.04	天津
仪器仪表及文化、办公用机械制造业	0.28	0.56	0.51	0.08	0.24	0.55	0.75	0.10	—
其他制造业	1.48	1.39	1.70	3.52	0.42	0.81	1.48	0.51	天津
废弃资源综合利用业	2.58	1.98	0.73	3.71	0.53	0.67	0.83	0.30	天津
金属制品、机械和设备修理业	0.92	1.04	1.09	1.04	0.61	0.48	0.95	0.28	天津
电力、热力生产和供应业	0.55	1.48	0.96	0.79	1.19	1.14	1.51	2.04	河北
燃气生产和供应业	0.85	0.87	0.76	0.56	0.76	0.59	0.75	0.34	天津
水的生产和供应业	0.99	2.82	0.85	2.40	0.57	0.56	1.46	0.46	天津

资料来源:《中国统计年鉴》(2015),《天津市统计年鉴》(2015),《河北省统计年鉴》(2015)。

由表6-2的数据得出,在天津市,煤炭开采与洗选业,有色金属冶炼及压延加工业,黑色金属冶炼及压延加工业,铁路、船舶、航空航天和其他运输设备制造业,石油和天然气开采业,石油加工、炼焦及核燃料加工业,通信设备、计算机及其他电子设备制造业,食品制造业,废弃资源和废旧材料回收加工业,水的生产和供应业这10个行业,具有比较明显的发展优势。当然,通过表6-2的指标,我们也可以看出有9个行业在发展上并不具备比较优势,这9个行业分别是家具制造业,仪器仪表及文化、办公用机械制造业,印刷业和记录媒介的复制,非金属矿物制品业,化学纤维制造业,木材加工及木、竹、藤、棕、草制品业,造纸及纸制品业,纺织业。

根据表6-2的数据,河北地区同样能得出相关结论,该地区具有发展优势的行业一共有11个,各行业依据比较优势由大到小排列,依次是黑色金属矿采选业,皮革、毛皮、羽毛(绒)及其制品业,黑色金属冶炼及压延加工业，热力、电力生产和供应业，印刷业和记录媒介的复制，金属制品业，煤炭开采与洗选业，纺织业，农副食品加工业，造纸及纸制品业，橡胶和塑料制品业。而计算机、通信及其他电子设备制造业，有色金属冶炼及压延加工业，仪器仪表及文化、办公用机械制造业，石油和天然气开采业，燃气生产和供应业，化学纤维制造业，水的生产和供应业这 7 个行业是不具备发展优势的。

由以上分析不难发现，外围对中心的产业发展起到了明显的补充作用，但是京津两地产业同构的问题突出，这两个地区的产业雷同主要出现在电气机械及器材制造业，通信设备、计算机及其他电子设备制造业，通用及专用设备制造业，石油加工、炼焦及核燃料加工业这些行业，京津两地的这些行业在国民生产中所占比例非常接近。另外，在京津冀经济圈的内部，工业产业梯度差距大。第一，北京作为京津冀经济圈的中心，高端化是其在工业产业发展过程中的主要特点；天津作为次中心，传统和现代产业协同发展；而河北省的传统产业发展较快，工业产业发展明显滞后。第二，北京和天津具有发展优势的行业，在河北地区明显不具备竞争优势，但工艺品及其他制造业例外，这表明京津地区正在充分利用各类生产要素使这些行业专业化程度不断提高。而除了通用设备制造业以外，一些即将被京津淘汰的行业却在河北地区体现出明显的优势，加速了产业由京津向河北省的转移。

二 产业转移选择

京津冀经济圈涵盖两市一省，有 2 个直辖市城市、1 个省会城市和 11 个地级市，以及 80 多个县级城市，城市数量众多，涵盖区域较多，各城市在京津冀经济圈定位不同，在京津冀一体化发展中起到的作用也不尽相同。各城市之间经济发展水平、交通区位、资源禀赋不尽相同，其优势产业和城市功能也不尽相同。由此，要立足于各城市之间的要素禀赋、比较优势，进行差异化发展，在产业转移过程中实现优势对接，在产业转移完成后实现协调发展。

天津市工业基础较好，天津港又是北方第一大港。基于以上两点优势，国家将天津市定位为中国北方的经济中心、全国先进的制造研发基地和国际航运中心。确立了有色金属冶炼及压延加工业，通信设备、计算机及其他电子设备制造业，石油和天然气开采业，石油加工、炼焦及核燃料加工业，食品制造业，废弃资源和废旧材料回收加工业，水的生产和供应业7个行业作为天津的优势产业。

石家庄市作为河北省的省会城市，位于二级交通轴沿线，其优势产业主要有纺织服装、鞋、帽制造业，纺织业以及皮革、毛皮、羽毛（绒）及其制品业。在河北省有一段是渤海湾海岸线的中间区段，凭借良好的区位条件，处于这一段的秦皇岛市、唐山市和沧州市分别在不同的行业具有明显的优势，例如秦皇岛的金属制品业、食品制造业，唐山的黑色金属冶炼及压延加工业以及沧州的化学原料及化学制品制造业。作为隶属河北省并且地处京津中间的重要城市，廊坊市在承接首都产业和人口转移过程中发挥了重要作用，文教体育用品制造业和食品制造业是廊坊的优势产业。毗邻北京市的保定市具有塑料制品业、橡胶制品业、造纸及纸制品业、农副食品加工业等优势产业。重型工业资源型城市——邢台市和邯郸市的黑色金属冶炼及压延加工业发展迅速，纺织业也是其优势产业。承德市除了黑色金属矿采选业较为发达以外，食品饮料制造业优势也很明显。衡水市的轻工业更为发达，皮革、毛皮、羽毛（绒）及其制品业以及农副食品加工业发展较快。张家口市在农副食品加工业方面具有一定的优势，除此之外，张家口市的通用设备制造业在发展过程中也体现出了一定的相对优势。

经过上述分析，结合北京市工业产业中产业转移的发展趋势，天津市、河北省各城市对中心城市产业的承接如表6-3所示。

表 6 – 3 京津冀产业转移行业选择

地区	序号	行业	地区	
北京	1	煤炭开采和洗选业	天津	
	2	废弃资源和废旧材料回收加工业		
	3	有色金属冶炼及压延加工业		
	4	食品制造业	秦皇岛、廊坊、承德	河北
	5	黑色金属冶炼及压延加工业	唐山、邯郸、邢台	
	6	皮革、毛皮、羽毛（绒）及其制品业	石家庄、衡水	
	7	橡胶制品业	保定	
	8	文教体育用品制造业	廊坊	
	9	黑色金属矿采选业	承德	
	10	化学原料及化学制品制造业	沧州	
	11	塑料制品业	保定	
	12	纺织服装、鞋、帽制造业	石家庄、邯郸、邢台	
	13	农副食品加工业	保定、衡水、张家口、承德	
	14	金属制品业	秦皇岛	
	15	饮料制造业	承德	
	16	造纸及纸制品业	保定	

第五节 京津冀产业布局优化

产业在转移的同时会对产业结构进行调整，对产业的布局也会有所影响。科学的产业转移不仅有利于区域经济发展，还有利于产业结构的优化升级以及合理的产业布局的形成。

一 产业转移原则

（1）竞争优势与比较优势协同发挥作用。产业升级定律，即当某一地区经济发展到特定阶段时，产业结构会发生转变，从传统制造业向知识、技术密集型产业转变，随着科学技术的进步，以此为依托的新兴产业部门成为经济发展主力。但是这不意味着新兴产业在所有城市都有良好的发展前景，各地区需要因地制宜，发挥比较优势，配合中心城市发展，才能使区域经济均衡协调发展。

（2）质量调整是重点。在进行产业调整的过程中产值、利润率、劳动率、生产率等指标往往容易受到人们的关注，而一个经济体的发展潜力和竞争力，往往体现在其产品与服务的质量上，人们往往只重视"量"而忽略"质"。无论是新兴产业部门还是传统产业部门都需要从质量提升的角度来发掘增长的动力。

（3）扩大经济合作优势。产业转移不是单纯地对边际产业进行筛选，一些规模、影响力较大的产业或者在部分产业链上具有相对优势的产业，应实现生产要素共享，进行合理分工，在发展过程中充分利用自身的特点和比较优势。

（4）在发展中秉承可持续理念。随着环境问题的日益突出，无论是产业转移的转出地还是承接地，都应该坚持可持续发展理念，既不能只为了优化本地环境，把污染企业甩给产业承接地后不管不顾，也不能只考虑眼前利益盲目引进高污染企业，而应该对转移产业及相关资源、发展禀赋进行科学的分析，双方协同规划产业转移，以实现"双赢"甚至"多赢"的产业转移发展目标，促进区域经济的快速发展。

二 京津冀产业布局优化战略

总的来看，大多数位于北京地区的传统工业已经开始丧失发展优势。作为传统工业城市，北京市工业基础较好，煤炭资源较丰富，煤炭开采和洗选业仍具有发展优势，但是其对环境破坏较大，不符合可持续发展的目标，因此应当将其转移。北京市应该优先发展高端产业，通过不断增强自主创新能力来提高产业的整体竞争力，以保持其在交通运输设备制造业，仪器仪表及文化、办公用机械制造业等现代制造业上的优势。同时，以软件、研发、信息服务业为主的高科技产业以及以电子信息为主的高新技术制造业也是北京市今后产业规划的主要发展方向。在向外转移橡胶、金属、木材等传统原材料加工业的同时，还要大力发展现代服务业。对于皮革、纺织、造纸和农副产品加工业的产业链中的上游低端产业也可以向河北省一些城市转移。对于电力、热力的生产和供应业，燃气生产和供应业等优势行业，可以依据技术方面的专业化分工，将其生产链延伸到天津市、河北省的唐山市、廊坊市等地，更好地实现产业合作。

天津市应该充分利用本地区特色，建设具有自主知识产权的现代品牌制造业基地，把通信设备和电子设备制造业、石油化工等作为重点发展方向，并大力配合北京市的有色金属冶炼及压延加工业向外转移。除此之外，服务业也是天津市的发展重点，不断培育和促进区域性金融的发展，进而促进金融在区域经济合作中发挥作用，利用港口优势组建大型物流集团，同时将传统的、不具有比较优势的纺织、印刷、造纸等轻工业向外转移。

河北省虽然处于外围，但资源丰富，因此应在目前产业基础上，充分利用优势，发展特色产业，并致力于建设一大批功能性城市。河北省与京津两地都有着特殊的位置关系及不同程度的产业合作，因此，可以将河北省划分为南部外围地区和环京津地区。南部外围地区的优势是加工制造业，应不断巩固和加强橡胶、塑料、纺织、造纸、皮革、印刷等优势加工制造业的核心竞争力，推动产业集聚，实现产业集群。同时也不能忽视建材、钢铁类传统工业，要不断推进工业改造提升进程，实现传统重污染材料制造业向新型绿色材料制造业转型，原料初加工向深加工转型。环京津地区应进一步巩固农业的基础地位，增强农业综合竞争力。加大技术改造力度，加快工业信息化进程，积极承接来自北京市和天津市的工业产业转移。

三　优化产业布局设想

随着产业的转移，京津冀外围二、三级城市能够得到更好的发展，这主要是受到中心城市功能扩散与经济辐射的影响。根据优势互补、互联辐射的原则，全面综合分析区域的发展条件，结合资源的分布情况，通过产业转移，可以构建京津冀"一核双城三轴四区"的区域产业发展总格局。

（1）一核——首都北京是京津冀协同发展的核心。北京作为全国的政治中心、文化中心、国际交往中心、科技研发与创新中心，其在京津冀地区乃至全国的地位都是独一无二的。京津冀协同发展一定要以北京为核心，一方面外围地区要利用北京的优势，实现自身跨越式发展，另一方面北京也有义务、有能力带动外围地区发展。同时还要在优化增强首都核心功能的同时，有效地疏散北京非首都功能以解决北京"城市病"问题，同时大力促进经济圈内部城市功能的分散与重组。

（2）双城——北京和天津两城市是京津冀协同发展的引擎。北京作为我国的首都，在信息、科技、市场、人才方面都具有不容忽视的优势，应当充分利用这些优势，以高科技、电子信息等现代服务业为发展重点，优化产业结构，提升自身实力；同时要利用自身强大的科技创新与技术研发能力，带动外围地区发展，成为人才、技术的重要输出地。天津作为我国近代工业的发源地，近年来现代制造业发展优势不断增强，技术与生产结合程度较好，科研转化为生产力的周期较短，应当继续发挥这一优势，将设备制造、电子信息、石油及海洋化工等现代制造业作为发展重点，强化区域间的联动发展趋势。

（3）三轴——京津塘经济发展轴、京广北经济发展轴和沿海经济发展轴。京津塘经济发展轴，是京津冀区域科技创新与应用生产结合的核心区域，自北京起，经天津至塘沽止，与京津高速、城际铁路等重要交通轴线连接。该区域在科技研发与技术创新方面，有着众多的科研院校与丰富的人才储备，在国内甚至国际都有一定的优势，沿线有多个国家级经济技术开发区，例如天津经济技术开发区、中关村国家自主创新示范区、亦庄经济技术开发区、廊坊高新技术开发区、武清新技术产业园等。这些开发区为高新技术产业的发展提供了平台与保障，应当继续深化发展，形成规模带动效应，充分利用当地先进的金融、物流等生产性服务业，加快高新产品开发与研究，积极推进科学技术产业化，推动先进制造业发展。

京广北经济发展轴北至北京，向南延伸到河北邯郸，地处京津冀中南部地区的京广铁路沿线，除京广铁路外，该轴线还与京深高速等多条公路交通轴线相通。京广北经济发展轴是相关产业的设计研发总部与生产加工基地间联系的重要轴线，北京地区的技术、人才、科技也是沿此轴线向南扩散的。因此，该轴线附近的相关城市要发挥自身的比较优势，在承接北京、天津制造业产业转移时打好基础，完善自身的基础设施，引进中心、次中心地区的先进技术、高端人才，以此推动传统工业技术进步，在资源开发、产品配套、合作等方面加强与中心地区合作，将原材料、能源、纺织和食品等作为重点发展产业。

沿海经济发展轴北端起点是河北秦皇岛，终至沧州的渤海湾海岸线中间区段，途经唐山、天津等地。根据《河北省沿海地区总体规划（2011～2020年）》，与京津、京石城际相通的秦皇岛—唐山—天津—沧州沿海经济铁路即将建成，并形成"1小时经济圈"。该轴线除了具有优越的地理条件外，众多港口使其在对外合作方面也具有优势，非常有利于重工业的发展。因此，相关地区要不断完善基础设施，充分利用沿海港口优势，营造良好投资氛围，促进沿海地区产业发展，同时也对钢铁、造船及装备制造、能源、石油化工等临港型工业起到很好的推动作用。

（4）四区——环中心装备制造区、北部生态旅游区、沿海能源重化工业区和中南轻工业区。环中心装备制造区以北京、天津为中心，覆盖廊坊、保定等城市。针对这一地区，大型制造与加工中心是其未来的重点发展方向，特别是要利用区域内高新技术的优势，重点发展微电子、汽车和机械制造业。北京的航空航天设备和水电设备等重型装备制造产业也正在向有着更好比较优势的天津转移，但由于要素成本以及资源的有限性很难协调生产加工进程，未来廊坊和保定等地可以作为现代制造业的加工基地，承接中心地区的技术转移，完成配套加工生产。

北部生态旅游区，包括秦皇岛、承德、张家口、京津北部山区和保定西部地区，应坚持以山水休闲生态旅游为发展方向，构建京津核心区的绿色生态屏障。目前，河北部分地区的旅游业已初具规模，但还没有形成跨区域的旅游业集群，其应利用好邻近北京的地缘优势，充分开发利用北京这一广阔的市场，对旅游业进行整合与规划，拓宽发展空间。另外，京津两地收入水平较高，对天然有机食材需求量大，河北可以利用邻近山西、内蒙古的区位条件，建立生产基地，为中心地区输送具有高附加值的绿色、生态食品。

沿海能源重化工业区，包括天津、唐山、秦皇岛和沧州。由于邻近渤海，这一地区有着明显的区位优势，符合典型的临海型重化工业发展模式，同时海洋运输、海产品加工业和滨海旅游业也有着广阔的发展前景。目前吞吐量达世界前十的天津港，以及吞吐能力不断增强的唐山港、沧州港使该地区具有强大的海上运输能力。该地区的港口和产业基础条件优越，因此应不断推进临海产业发展，并将重点放在重化工和能源产业上。

中南轻工业区，是华北平原的核心区，也是京津辐射的边缘区，华北地区的重要物流商贸城——石家庄是该地区的核心，此区延伸至邯郸、邢台和衡水等京津冀中南部地区。该地区主要发展低梯度产业，并能与环中心装备制造业互利发展，应重视冶金、建材、化工等传统优势产业的发展。此外，恒新纺织、卓达纺织、雪驰、常山集团等大型纺织服装企业，清河羊绒制品基地和辛集国际皮革服装园等企业应为本区优势产业，应建设轻型加工基地，承接中心城市的产业转移。

第七章 基于 PSR 逻辑框架的京津冀产业
转移影响因素分析

产业转移所带来的影响是比较复杂的，它涉及许多方面，比如对区域经济发展的影响、对区域产业结构的影响、对产业集群形成的影响以及对区域生态环境的影响等。用模型对这种复杂的过程进行分析和模拟，能够得到最直观的结果。基于这样的认识，本书应用国际公认的 PSR（状态—压力—响应）模型作为基本的研究工具。

第一节 PSR 模型内涵

所谓的 PSR（Pressure – State – Response）模型是指基于"压力—状态—响应"框架构建的一种生态系统健康评价体系，最早是由加拿大统计学家 David J. Rapport 和 Tony Friend（1979）提出，随后在 1989 年经济合作与发展组织（OECD）与联合国环境规划署（UNEP）举办的针对环境问题的七国集团首脑会议上得到认可，从而被广泛地推广。PSR 评价体系的作用是将人与自然间的微妙关系通过各种指标的形式来呈现：人类各种形式的生产活动都是以从自然界中获取各种物质资料为前提，同时完成生产后又会向自然界中排放各种废物，如果没有指标对此进行量化，我们就不能了解人类对环境的具体索取与破坏程度，无法采取对应的行动来应对这一问题。人类的活动会使生态环境的状态发生变化，同时环境也会对人类的活动做出相应的反馈，对人类的社会经济发展造成正面或负面的影响，如果人类不尊重自然，肆意破坏自然环境，不仅会影响人类当前的经济社会发展，还会危害到子孙后代的生存发展。为了自身的发展与后代的延续，人类必须与自然和谐相处，基于此，人类自身的意识和行为会发生变化来应对自然环境状态的改变，形成相应的响应，以上行动—反馈—改变三步骤循环往复，便形成了 PSR 框架模型中的"压力—状态—响应"关系。

PSR 模型的本质是可持续发展理念的延伸，利用其构建的评价指标体系，也是基于以上思路使用"压力—状态—响应"三个一级指标去呈现经济社会与自然环境之间的调控过程和反馈机制。具体来说，"压力"（Pressure）是指影响自然环境的各种社会发展模式、经济活动以及产业结构，同时还可看作人们在经济活动中采取某项行动的动力。"状态"（State）具体可以包括生态系统、经济系统和社会系统所处的状态，还可以被看作人类在相关的"压力"作用下，采取某项行动时所处的状态。"响应"（Response）指的是人类在采取了相应的方法与手段后，各项系统所做出的与之相对应的反应，例如人类活动造成的各种生态影响、社会影响以及经济影响。

自 PSR 指标模型创立至今，由该模型框架构建的相关评价系统得到了国内外专家学者的认可，并且已经在许多领域中得到推广和应用，比如环境、经济、交通、土地等领域。这些研究丰富了 PSR 模型框架的内涵，既为本书构建评价体系提供了借鉴，也反映出该模型在构建评价指标体系上具有相当重大的理论与实践意义。

第二节 京津冀产业转移影响作用因素分析

PSR 评价体系本质上是可持续发展观点的延伸，基于"压力—状态—响应"三个层次对各系统间的调控过程和反馈机制进行相关的分析与评价。从本书研究的京津冀经济圈来看，京津冀三地虽然归三个不同区域管辖，但是从区域经济的角度可以将其看成一个整体，看成一个开放的经济体，这也是"京津冀一体化"的由来。因此，基于 PSR 框架的京津冀产业转移影响作用的因素分析，首先应当将京津冀地区看成一个整体，并据此分析由该整体衍生出的各内部系统，即"压力—状态—响应"三个子系统，最后提炼出适合产业转移评价体系的各项指标，据此再计算出各项指标权重，最终形成客观、有效的评价。

一　产业转移的动力——"压力"

"压力"是指影响自然环境的各种社会发展模式、经济活动以及产业结构，同时还可看作人们在经济活动中采取某项行动的动力。产业转移是一个国家或地区经济发展的必经之路。从基于产业周期论的产业转移理论来看，产业在空间的扩散与转移是任何产业发展都要经历的过程，一方面，知识的外溢性使其所具有的先进生产力不会被某些地区或企业无限期地垄断，市场内在的竞争机制会打破一切垄断，另一方面，资本的逐利性也决定了资本会汹涌地进入新型产业，逃离落后产业，经济发展的内在机制促使产业在空间上扩散和转移。因此，从"压力"角度对京津冀三地产业进行分析，其实是分析其产业转移的动力因素。从区域经济的角度来说，产业转移来源于不同区域经济体之间相互的"压力"，如果某地的产业结构保持不变，由于产业转移本质上往往代表着各经济体利益的转移，那么随着区域内各经济体的发展，外部经济体会与本地经济体形成竞争，当竞争失败时本地产业会纷纷破产，对本地经济形成挤压。同时本地落后的产业结构也会对本地经济发展形成阻碍，生产要素的趋利性也会对现有的产业结构造成一定的"压力"，内部与外部"压力"相融合形成的合力，会促使相关产业朝着符合区域经济发展的方向调整和转移。（"压力"

部分影响因素分析可以参考本书第五章）

二 产业转移产生机制——"状态"

"状态"是指在经济发展过程中自然、社会、经济系统所处的状态。产业转移是生产要素在空间位置上的变化，分析产业转移的效应应当围绕生产要素流动所带来的其他系统联动变化进行讨论。京津冀地区作为区域性的经济体，在区域经济发展的过程中会面临自身产业结构升级、外部生产要素转移等方面的压力，这些压力又形成了产业转移的推动力。区域经济内部的各系统在这种强大的推动力作用下必然会发生各种改变，代入 PSR 模型中表现为各种不同的"状态"，该分析框架的第二部分，就是对各系统的"状态"进行评价与分析。

从相关的作用与反馈机制来看，在压力作用下的相关产业必然会进行一定程度上和一定范围内的转移。从表现形式来看，产业转移是产业在空间位置上的迁移；从内在本质来看，产业转移是产业内部生产要素实现配置合理化、布局合理化的过程；从最终目的来看，产业转移是企业追求自身利益最大化、政府追求区域经济协调化、社会追求生态环境和谐化的过程。

（一）生产要素空间配置优化

生产要素的空间配置优化指的是不同区域空间内的各种生产要素从低经济收益区域向高经济收益区域转移的过程（邹璇，2010）。如图 7-1 所示，在开放的经济环境中，企业为了追求利润，会自发地将生产要素从低回报区域转移到高回报区域，这就表现为生产要素空间配置的优化。产业转移对于转出地与承接地都会有影响，我们对产业转移进行分析，要从产业转出地与产业承接地两方面来进行综合分析。

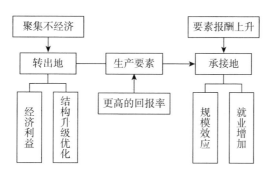

图 7 - 1 生产要素空间位置优化

1. 产业转出地——要素聚集不经济

从微观角度来说，如果某一产业在一个地区长期发展，那么相关要素会在该地区内不断汇集，由于市场是有限的，随着相关要素数量增加，要素市场供过于求，相关要素收益率减少，再加上市场调节往往具有滞后性，不能进行有效的调节，因此就会导致"聚集不经济"的产生。从宏观角度来说，如果某一产业在一个地区长期发展，则会导致产业数量增加，产业竞争加剧，收益率减少，相关企业纷纷倒闭，以及相关生产要素的闲置。如果进行产业转移，那么一方面使转出地流出的生产要素获得更高的报酬，为转出企业带来直接的经济效益回报，为转入地带来新兴的产业，促进当地经济的发展；另一方面转出地要素的流出也会为当地释放经济空间，为更高级产业的发展提供充足的生产要素，促进高新产业发展，这也是一种产业结构的优化方式。

2. 承接地——要素聚集经济

投资效应会带来要素聚集，生产要素的聚集会带来规模经济。产业转移和直接投资很相似，产业转移是生产要素的转移，直接投资是生产要素的积累，两者都会给产业承接地带来丰富的生产要素，大量的生产要素投入会调整承接地的产业结构，促进承接地的产业集聚。但并不是所有的生产要素投入都会起到促进产业集聚、拉动经济增长的作用，能否起到产业集聚和产业升级的作用，还得看转入产业本身的特征是否与承接地的市场、资本、技术等要素相匹配。但综观产业发展的基本脉络，本书认为至少在产业转移的前期，生产要素聚集所带来的规模经济效应会使得相关要素的回报增加，推动产业转移的进行。

（二）生产要素配置效应优化

边际报酬递减规律又叫作边际收益递减规律，是指在生产过程中固定要素与可变要素之间的配置比例有着一个最优值，当达到最优值时，边际产量最大，低于该值时存在边际产量递增的效应，而高于该值时，就会产生边际产量递减效应。当处于产业发展的初期时，可变要素投入量少，远远达不到与固定要素之间配置的最佳比例，可变要素投入量的增加使得可变要素数量与不变要素数量的比例发生变化；当处于产业发展的中期时，生产要素中可变要素与固定要素投入量会逐渐接近最佳的配置比例，此时企业的边际产量会递增，当两者之间处于最佳配置比例时，边际产量也会达到最大值；当处于产业发展的末期时，由于市场的萎缩、固定要素价格上升等因素，企业收益率会下降，为了保证一定的利润，企业会继续增加可变要素投入，那么可变要素与固定要素的配置比例会偏离生产要素的最佳比例组合，此时就会出现边际报酬递减。

从产业转移的具体实践来看，产业转出地与承接地之间的生产要素配置呈现非常显著的差异。转出地经济发展水平一般比较高，资本和技术等生产要素相对于承接地来说较为丰富，但其产业结构在长期发展后也需要进一步优化与升级；承接地经济发展水平相对比较落后，其生产要素通常也没有得到充分的利用，因此存在大量闲置劳动力与自然资源等生产要素。相对而言，相关生产要素之间的流动性大小，大致为资本和技术要素大于劳动力要素，而劳动力要素又大于土地、资源等要素，因此我们对产业转移过程中各要素黏性进行分类，将流动性小的要素视为不变要素，流动性较大的要素视为可变要素。

遵循边际报酬递减规律，在劳动力和土地、资源要素不变的情况下，随着经济的发展，产业转出地的可变要素，如技术和资本要素的不断累积，当可变要素与不变要素（劳动力、土地、资源）之间的配置比例大于其配置的最佳比例时，继续增加的资本与技术要素所带来的边际报酬会递减。企业的目标是追求自身效应和利益的最大化，当外围地区的资本技术回报率大于本地资本技术回报率时，就会发生资本、技术等可变要素向外围高边际回报率地区转移的现象。

从转出地的角度来看，一方面，资本、技术要素转出后会使得当地可变要素供给减少，导致可变要素与不变要素之间的配置比例发生变化，要素的边际报酬会重新提高，相应的企业利润也会增加；另一方面，企业为了追求更高的利润，会将自身所有的生产要素投入更高级的产业当中，这样会进一步推动转出地产业结构的升级与优化。

从承接地的角度来看，相关要素数量的增加会给本地的产业配置带来更多的变化与组合。首先，资本和技术等生产要素的转入，可以带动之前没有得到有效利用的不变生产要素，使得不变要素与可变要素之间的配置比例达到最佳，提升边际报酬。其次，由于产业转出地与承接地双方在通常情况下都会存在相当程度的产业差异，相关生产要素的转移会对承接地原本的产业结构进行改良，特别是如果要素的流动来源于转出地的高端产业，承接地很好地接纳了这些要素并作用于本地的高端产业，那么该生产要素的流入一定程度上会提升本地的产业配置，优化产业结构，提升产业竞争力。最后，从微观的角度来看，企业的产量和利润会得到相应的增加，使得产业承接地在生产总值、资本回报率、劳动回报率以及相应的工资、就业等方面得到提升，拉动本地就业，在很大程度上推动承接地经济的发展。

生产要素配置效应优化如图 7-2 所示。

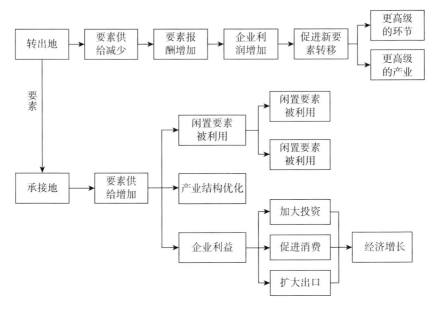

图 7-2　生产要素配置效应优化

（三）外部性

"外部性"的概念最早出现于马歇尔对经济现象的解释中。他认为产业转移最原始的动力是企业对于利益的追求。企业将生产要素从规模报酬比较低的地区向规模报酬比较高的地区转移，一方面是为了将边际报酬维持在高水平上，提高相关要素的生产效率，另一方面生产要素的流动和聚集也给承接地产业带来了范围经济和规模经济效应。瑞典经济学家缪尔达尔（1957）在循环累积论中指出，"一旦一个产业或企业被配置于一个地区，会发生连锁效应，并进一步吸引新的企业进入，从而产生更大的规模经济和范围经济"。接下来本书会深入分析相关要素流动的外部性，从而了解规模经济和范围经济产生的机制与造成的影响。

1. 知识溢出效应

新经济增长理论和新贸易理论都认为，经济的增长与知识的溢出有着密切的联系。罗默的知识溢出理论认为，知识是厂商为了追逐利润而进行各种投资、各种决策的产物，与普通生产要素相比，知识最大的不同在于其具有溢出的效应。罗默用外部性解释了溢出效应对经济增长的作用，他认为新知识的开发都具有溢出的效应，知识来源于厂商追求利润的内在动力，知识可以通过提高劳动生产率来获取利润。厂商一方面可以被动地通过生产经验的积累来获取知识，另一方面还可以通过对其他厂商的学习来获取知识，这使得任何厂商开发或积累的知识都能够有效地提高整个行业的生产率。具体分析知识溢出的产生机制，知识溢出是由知识外部性决定的，在产业转移过程中知识的外部性对产业转移效应的影响主要体现在两方面：一是技术外部性；二是交流外部性。

（1）以技术外部性为路径的知识溢出

技术外部性层面的知识溢出效应以非市场交流的形式对企业发生作用，其表现的主要形式是承接地企业对转出地企业进行学习和模仿，这在一定程度上会提升承接地相关产业的产值。同时由于转出地与承接地之间在生产要素、产品市场等方面存在差异，企业为了适应转入后的发展，往往会在原有的基础之上再进行相应的创新与改良，这一过程提升了企业的创新与研发能力，因此技术外部性有利于技术创新与改良。但是需要提醒的是，技术外部性对承接地企业推动力的大小取决于产业转出地与产业承接地之间的地理位置远近、资源禀赋差异、技术人才转移力度以及企业学习模仿能力等多方面因素。

（2）以交流外部性为路径的知识溢出

"交流外部性"的概念来源于"社会资本"的理念。格兰诺维特（1985）认为，社会的经济行为是镶嵌于社会关系的网络结构之中的。科尔曼（1990）把蕴含在人际关系网络中的所有资源统称为社会资本，社会资本可以促进企业之间的协调与合作，减少双方的交易成本与不确定性。"社会资本"的理念使得企业认识到"交流"的重要性，这既包括企业间的交流，也包括企业与政府之间的交流，基于产业之间的转移，本书讨论的主要是企业之间的交流行为。交流外部性是知识溢出的主要形式，这是导致产业聚集的重要原因。在产业转移的过程中，科学技术、管理方式、知识人才以及思想理念等都会随着生产要素间的流动而发生转移，这使得企业更愿意集中在一起，因为这样有利于企业之间知识的交流，换句话说交流外部性促进了产业聚集，有利于城市群、经济圈的发展。同时，交流的外部性还有利于科学技术和思想理论的传播，因此产业转移还推动了社会的思想交流与进步，进一步推动了区域内人们的生活方式和工作方式的改变。

2. 供求关联外部性

克鲁格曼（2011）认为，"在规模报酬递增与运输成本的综合作用下，相互关联的企业因为供求关系而聚集在一起，通过将生产活动集中在一个区域以充分利用规模经济，通过满足本地市场来降低运输成本"。不同产业之间通过各种投入品和产出品的连接形成各种经济联系，我们称之为产业关联。产业关联按照投入产出的关系可以分为前向关联、后向关联和旁侧关联，这些关联以供求关系为纽带。由于生产与消费表现为相互依赖与相互促进的两个方面，因此随着经济的发展，企业之间往往表现出路径的依赖性与发展的关联性。在产业转移过程中产生的供求关联的外部性主要表现为两个方面：从供给方面考虑，在产业转移的过程中企业愿意转移到那些能够集中、大量、低廉地提供各种生产要素的区位；从需求方面考虑，企业更愿意转移到有着广阔市场的区位。基于这两点考虑，企业在产业转移选择落位时表现出一定的趋向性，这样就导致产业聚集的现象。需要说明的是，产业集聚不仅仅是相同产业的聚集，同时产业链的上、下游也会产生产业集聚，这样会节约运输、交易等相关成本，实现利益最大化。

3. 示范和辐射的作用

在产业转移过程中，最先得益的是产业承接地与承接配套企业。通过产业转移转入的企业在相关的资本层面、技术层面、管理层面等相对于承接地原有企业具有优势，这对承接地的其他产业有着示范与辐射作用。承接外来产业的企业，由于吸收了产业转出地先进的技术、资本生产要素以及创新、人力管理等经营理念，因此其产品质量和运营效率往往相较产业转移之前有所提升，产品价格有所下降，有利于占据市场份额，获取高额利润。同时其他产业中的企业虽然无法在生产、加工等环节对该产业进行模仿学习，但该产业在技术、管理、经营方式等层面仍有一定的带动与示范效应。根据"干中学"理论，企业之间的相互学习，有利于企业的发展，因此转移产业能够对相关区域经济的发展起到促进的作用。同时产业承接地作为产业转移示范区，产业转移的效应能够进一步扩大，可以进行推广，以对其他地区与产业造成影响，从而带动其他区域的经济增长。

生产要素流动的外部性见图 7 - 3。

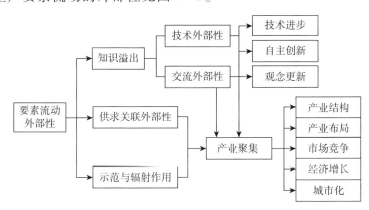

图 7 - 3　生产要素流动的外部性

三　产业转移作用机制——"响应"

"响应"（Response）位于"状态"（State）之后，指的是在采取了相应的方法与手段后，各项系统所发出的与之对应的反馈，例如产业在转移过程中及转移后给转出地和承接地，甚至整个区域带来的生态环境影响、经济环境影响、社会环境影响等。

生态环境是一个区域经济发展的制约，任何区域经济的发展都会受到相关生态环境的影响，同时也会反作用于生态环境，在长期的经济发展过程中表现为两者之间的相互作用与影响。京津冀地区经过长期的发展，其原有的生态环境已经发生了巨大的变化，集中表现为生态环境恶化，并已经开始影响到了整个京津冀地区经济的发展与居民的宜居性。一些传统产业受制于其产业特性与生产方式，对环境的影响非常大，特别是一些传统重污染型企业，无论技术怎样发展、手段如何改良，都会对生态环境造成一定的影响，这些企业在日后的产业转移中如何抉择，转出地和承接地如何取舍，都是我们要考虑的问题。PSR 框架下系统对产业转移的"响应"具体表现为生态环境对产业转移的各种指标的变化，比如产业转移后"三废"的达标率、资源利用率、废物循环利用率等相关指标。

（一）基于生态安全的产业转移机制

基于生态安全的产业安全理论认为，人类的一切经济活动都是以生态系统为载体的，生态系统为经济活动提供物质资料，也相当于一种"稀缺的资本"。经济活动的进行也必然会产生相应的环境成本。生态系统对经济活动的影响主要体现在以下三个方面。

（1）生态系统为经济活动提供物质原料。

（2）生态系统为经济活动提供必要服务。

（3）生态系统吸收经济活动中释放的废弃物。

从这三个方面可以看出，生态安全对经济发展的影响体现在经济发展从生态系统中获取资源与相关的服务，最后再通过生态系统吸收消化经济发展的废物，如图 7 - 4 所示。

图 7 - 4　经济发展和生态系统之间的关系

人类活动能够对生态环境造成多大的影响，取决于当前经济发展的水平，具体表现为产业发展的现状与产业结构的层次。产业转移作为影响产业结构的最直接、最有效的方式，对自然环境以及生态安全有着不容忽视的影响。具体来看，一方面产业转移能够直接作用于产业结构，使产业的内部结构发生变化，另一方面产业结构作为经济活动与生态环境之间的桥梁，任何经济活动都会通过产业结构对生态环境造成影响，同时生态系统也会做出相应的反馈，间接地影响其他经济活动。产业转移对生态安全的作用机制如图 7 - 5 所示。

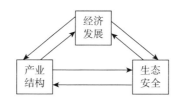

图 7 - 5　产业转移对生态安全的作用机制

（二）产业结构对生态安全的作用分析

以上我们了解了产业转移影响产业结构使其发生变化，以及最后影响生态安全的基本脉络，接下来需要深入分析产业的内部结构与生态安全的对应关系，来进一步了解产业转移对生态安全的具体作用。

1. 能源消耗

根据产业经济学的相关理论，经济体中的人力、物力、财力与自然资源共同作用并制约国民经济各个部门的配置方式，这种配置方式即产业结构。换句话说，产业结构决定了生产过程中各种自然资源、物质材料与劳动力的配置方向及比例。在第一、二、三产业中，第二产业对自然资源与物质资源的需求最大，如果该地区产业结构中第二产业比重过大，或者重工业占第二产业的比重过大，那么该地区产业一般为资源指向型产业，对自然资源的需求很大。产业转移中如果转移的产业是第二产业，特别是各种高耗能的重工业，为了满足产业转移后的资源需求，如果没有合理的规划和引导，则会对自然资源进行各种不合理的开发与利用，比如滥挖滥采矿产资源，过度砍伐森林，对土地、地下水资源过度使用等，都会给当地的生态环境造成极大的危害，导致生态安全问题的产生。

从产业转移的双方角度来看，产业转移可以将本地产业结构进行调整，产业转出地可以将这些产业转移出去，有效地缓解本地的生态环境压力，但会对产业承接地的生态环境造成一定的影响。因此产业转移是一把双刃剑，对于产业转出地与产业承接地具有两方面的环境效应，在产业转移前要着眼于全局，不能顾此失彼。

2. 污染排放

企业在工业生产过程中的各个步骤都会造成污染，开采环节的粉碎洗选，加工环节的高温萃取、化学提炼等都使用大量化石燃料与化工制剂，这样会产生大量的工业"三废"，这是造成环境污染问题的主要原因。产业结构可以看作污染物排放的控制体，这主要表现为以下两个方面。

第一，资源与能源利用效率。自然资源是社会生产的物质基础，其循环利用率越高，生产中排放的"三废"数量就越少，反之就越多。在工业化初级，企业的技术水平较低，对自然资源缺乏深度利用，生产方式属于粗放式加工。相关数据显示，我国的能源利用率不到40%，废弃物的循环利用率只有7%~9%，甚至个别废弃物只有3%~5%，这造成了大量的废弃物未能有效循环回收利用而直接排放，这是造成近年来我国许多省市环境污染严重的原因。

第二，工业"三废"污染问题。对矿产资源的采掘、洗选，后续加工环节的化工、机械、建材等重工业企业，以及印染、造纸、纺织、食品、制革等轻工业部门都会在生产过程中不同程度地排放各种废弃物，这些废弃物不经任何处理就直接排放到江、河、湖、海以及大气中去，致使我国的工业"三废"排放达标率远远低于发达国家的平均水平，这也是造成我国目前生态安全问题的重要原因。

综上所述，产业结构对于生态安全的影响非常大，产业结构的优化是区域经济发展的必要条件。产业转移作为产业结构调整的直接手段，对生态环境的影响也越来越受到重视。因此，生态安全作为产业安全的一个重要方面，是后文构建产业转移评价体系内容中的重要部分。

第三节　产业转移影响因素的 PSR 逻辑关系

PSR 评价体系本质上是可持续发展观点的延伸，其核心思路是从"压力—状态—响应"三个方面分析系统的产生机理与变化过程。PSR 评价模型的基本运行原理如图 7 – 6 所示。

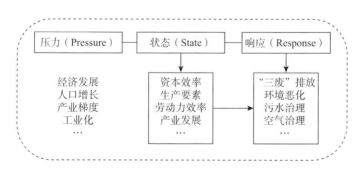

图 7 – 6　PSR 模型的运行原理

以 PSR 框架为基础对京津冀的产业转移进行分析，首先应该将京津冀地区作为一个整体进行分析，这是基本的研究范围，也是 PSR 模型机制的内在要求。

京津冀经济圈的产业转移"压力"来源于自身经济发展、科学技术的进步、工业化进程的推动，以及外部竞争环境的变化，这些都会产生对产业结构调整的需求。通过相关分析，本书认为区域经济的发展、地区间生产要素的差异、相关产业结构的升级，以及政府的行为是目前推动京津冀产业转移的"四台发动机"。在内部产业升级和外部政策鼓励的压力下，生产要素会自发由低边际收益区域转移至高边际收益区域。产业转移实质上就是产业内部各生产要素的转移。生产要素在转移的过程中会导致产业结构变化，区域间产业结构变化会对区域内各成员的经济状况产生影响。京津冀经济圈作为一个整体系统包含着经济系统、社会系统、生态系统等相关子系统。在面对当前日益严峻的环境问题，生态系统在整个系统中的地位变得越来越重要。产业转移一方面会对经济社会系统造成影响，另一方面也会对相关的生态系统造成影响。反之，由于收到生态环境的相关反馈，人类会反思自己的行为，自觉对之前的相关生产要素加以改造，比如提高"三废"处理率、资源循环使用率等，减少对生态环境的破坏。

本书基于产业安全理论，运用相关模型对京津冀经济圈的产业转移的综合影响进行分析。分析的主要脉络为：首先对研究范围进行界定，将京津冀经济圈看作一个独立的经济体，刨除外部环境的影响；其次从研究产业转移的动力入手，分析出产业转移的各项动力，具体来说就是从产业转移过程中各项生产要素的状态变化分析；最后通过量化的方法得到两者之间由于相互影响而导致的内部各系统之间的一系列反应。具体的步骤是从基本的模型框架出发，从各项经济数据、环境数据中提取出适合作为评价指标的相关数据，再将其纳入PSR评价体系之中，最后结合相关权重计算方法对各指标进行评价。

第四节　基于 PSR 模型构建产业转移评价体系

京津冀经济圈是一个综合了自然、经济、社会等因素的复合系统。区域内的相关产业通过不同的社会经济活动进行长期性的经营，其内部的产业受到自然条件、社会、经济、技术等因素的影响已经形成了一套成熟的体系。在进入一定的发展阶段后，生态环境的影响越来越大，区域内的产业转移实质上变成了人类为了寻求可持续发展而对产业结构做出的调整，而可持续发展正是 PSR 模型框架的主导思想。同时用 PSR 模型进行相关的生态环境评价必须是一个整体，而京津冀三地作为规划中的京津冀经济圈正好符合这一条件。此外，目前许多评价指标体系的构建都是以 PSR 模型为基础，经过长期的实践证明其对现实具有相当大的指导性，这也符合本书为京津冀经济圈内部产业转移提供参考的研究目的。

一　构建指标体系的基本原则

建立合理的、科学的评价体系，首先要确定其设计原则，并在此基础之上选取相关评价指标，确立评价体系内容，具体原则如下所示。

（1）系统性原则。也被称为整体性原则，它要求将评价的对象视为一个系统，纳入指标体系内的各项指标应当在总体上构成一个系统，并具有统一性、完整性与互补性。

（2）相关性原则。它是环境影响评价中的重要原则，其含义是指各项指标与最终影响之间必须具备一定的相关度，人们可以依据这一指标做出有关的经济决策。

（3）可测性原则。评价体系内的各项指标必须是可测的，这意味着我们通过数据对经济现象进行量化并计算。应该注意的是，一段时间内的统计口径会发生变化，所选择的指标应该尽可能地与有关统计资料在统计口径上保持一致。

（4）层次性原则。选取的统计指标需要有一定的层次性，不能出现指标解释的雷同，因为这样既会增加工作的难度，也会降低结果的有效性。

（5）实用性原则。通过该评价体系得出的结论和相应数据应与相关产业发展达到一定的契合度，并能够较有效地被有关政府部门、学术机构和企业等采用，指导相关政策制定、相关研究的进行。

二　指标选取

基于区域产业转移效果评价的 PSR 框架反映了社会经济与生态环境之间相互影响、相互作用的关系。一个地区的社会生产要素资源在短期内可以看作不变要素资源，但随着区域经济的不断发展，生产要素的边际收益递减与规模聚集不经济同生产要素的逐利性形成矛盾，不同区域的经济发展水平差异同区域经济一体化形成矛盾，区域间产业的同构化互相竞争现状与区域经济差异化协调发展的目标形成矛盾。这些矛盾累积成为区域经济发展过程中企业和政府面临的"压力"。经济系统的"压力"与"状态"有着密切的联系，比如生产要素分布、产业结构状况、人才技术水平、产业结构差异等都会导致"压力"的产生，同时这也表现为区域内某一时期的经济、社会、自然环境"状态"。面对区域经济发展与相关产业调整的"压力"以及相关经济、社会、自然环境表现出的"状态"，企业和政府会做出一系列反应与调整来应对，这就形成最终的"响应"，结合本书的研究主题这种"响应"最外在的表现就是产业转移。但需要指出的是，产业转移只是"响应"，只是政府与企业在"压力"和"状态"下做出的最直接反应，而深层次的"响应"会通过社会经济、生态环境的变化体现出来。

基于 PSR 模型框架与以上关于产业转移影响因素的分析，构建产业转移影响因素评价指标体系，如表 7 – 1 所示。

表 7 – 1 基于 PSR 框架的评价指标体系

		产业专业化	区位熵（C1）
压力（B1）	转移动力	劳动边际报酬	比较劳动生产率（C2）
		资本边际报酬	比较资本生产率（C3）
		行业增长趋势	比较行业增长率（C4）
状态（B2）	生产要素	资本	转移产业投资额（C5）
		知识	每万人拥有科技工作者人数（C6）
		技术	高新技术产业产值（C7）
		就业	城镇就业率（C8）
响应（B3）	生态环境	废渣	工业固体废物处置利用率（C9）
		废气	工业废气处理率（C10）
		废水	工业废水排放达标率（C11）
		能源消耗量	转移产业单位产值能耗（C12）
		环境污染	单位 GDP 二氧化碳排放量（C13）

三 各级指标含义

（一）压力指标

根据上文分析，产业转移体现为产业转移双方相关产业结构的差异以及内部各生产要素配置的差异。针对京津冀经济圈的具体实际，本书认为一个地区的区位熵（LQ）、比较劳动生产率（CPOR）、比较资本生产率（CCOR）和比较行业增长率（CIGR）可以看作反映该地区某一产业转移趋势的量化指标，因此我们选择区位熵、比较劳动生产率、比较资本生产率和比较行业增长率作为压力类的二级指标。

区位熵（LQ）：指一个部门在某一地区的产值占当地工业总产值的比重比上全国范围内该部门产值占全国工业总产值的比重，它反映了该地区该部门生产的专业化程度。

比较劳动生产率（CPOR）：指一个部门在某一地区的产值占全国范围内这一部门产值的比重比上该地区该部门劳动力数量占全国范围内该部门劳动力数量的比重，它反映该地区该部门劳动生产率的高低。

比较资本生产率（CCOR）：指的是一个部门在某一地区的产值占该部门在全国范围内产值的比重与此部门所占有资本占全国该部门占有资本的比重，它反映了该地区该部门资本应用效率的高低。

比较行业增长率（CIGR）：指的是在某一时间段内一个地区某一产业的增长率与全国该产业增长率的比率，它反映了一个地区某一行业的动态发展趋势。之所以加入比较行业增长率，是因为前三个指标是横向对比各地区各行业的产业梯度，不能有效地反映某一时间段内某一行业在该地区的发展趋势，因此需要添加这一指标来进行产业内的纵向比较分析。

（二）状态指标

基于前文对产业转移效应的分析，产业转移是产业内部各生产要素的流动，因此我们选取生产要素作为状态类指标的主体。我们选取资本、知识、技术和劳动力四个指标作为一级指标，再对这四个指标进行细化，用转移产业的投资额、社会固定资产投资、区域外投资额、区域内资本利用率、高新技术产业产值、每万人拥有科技工作者人数、城镇就业率等多个二级指标来表示。通过对相关数据资料进行收集，转移产业投资额、每万人拥有科技工作者人数、城镇就业率和高新技术产业值对四个指标的代表程度较高，因此选择这四个指标作为状态类的二级指标。

（三）响应指标

响应类指标表示的是产业转移后区域内经济社会、自然环境的一系列相关反应。产业结构的调整效应以及相关的社会效应已经在压力指标和状态指标中通过区位熵、劳动生产率、就业率等相关指标来反映，为了保证指标的层次性，选取响应类指标时只包含生态环境类的相关指标。生态环境类的相关指标可以用工业用水重复利用率、工业废水排放达标率、城市生活污水集中处理率、工业废气处理率、单位 GDP 二氧化碳排放量、工业固体废物处置利用率、城市生活垃圾无害化处理率、转移产业单位产值能耗等指标来表示，但是考虑到以上指标的重复性与指标的代表程度，我们只选取了工业固体废物处置利用率、工业废气处理率、工业废水排放达标率、转移产业单位产值能耗、单位 GDP 二氧化碳排放量五个指标作为响应类二级指标。

第八章 运用 PSR 模型评价产业转移效应

—— 以北京市 16 个产业转移为例

第一节 制定评价体系

一 确定指标权重

指标的权重是指标在整个系统内不同侧面重要程度的大小的反映，确定指标权重的大小是对指标进行量化分析的重要步骤。统计学中关于权重的计算方法有很多，计算方法的差异往往会使得权重大小不一，结果也就会发生变化，因此确定适合研究主题的权重计算方法是构建指标体系的基本前提。目前权重计算的主流方法有因子分析法、层次分析法、均数法、RSR 法、熵值法等多种方法。

基于产业安全的京津冀经济圈产业转移评价是一个多元的评价体系，既要突出单个因素的重要程度，又要处理好各因素之间的相关性，用一种方法确定权重，难免会出现疏漏，因此我们采取"组合赋权法"，运用两种方法对权重进行计算。首先采用层次分析法，也叫作专家赋权法，专家对各项指标的权重进行排序，优点在于对数据要求不高，通俗易懂，缺点在于主观随意性较大；其次使用熵值法进行赋权，它根据指标的具体数值，通过对熵的计算来确定权重，优点在于客观性较强，但缺点在于当指标数量较少时，计算的权重可能不是很精确。本书采取的权重计算方法是将改进后的层次分析法与熵值法进行组合，确定一个组合权重，这种方法可以有效弥补这两种分析方法各自的不足，提高评价结果的客观性与合理性。

（一）模糊层次分析法

层次分析法是将一个复杂的问题分解为多个目标与准则，再基于相关理论将这些目标与准则按照层次关系组成不同的层次结构，进而形成多指标的若干层次，最后通过整体比较或两两比较方式计算得到相关指标的重要程度。这种方法需要专家在各指标之间进行选择，做出主观判断，因此得出的指标权重主观性很强。此外采取整体比较法时，其通常构建的判断矩阵采用的指标评分为从 1 到 9，专家在做主观判断时容易出现不一致性，需要再进行一致性检验。本书对传统的层次分析法进行改进，引入模糊一致性矩阵，使用模糊层次分析法对权重进行计算，该方法采用两两比较的方式，建立 0—1 标度的判断矩阵，这样一方面缩小指标的对比范围，省略一致性检验的步骤，另一方面最后得出的决策模型也更加简单、通俗易懂，为政策的制定提供借鉴。

1. 建立比例标度

提取相关要素，构建互补型 0—1 标度，如表 8 - 1 所示。

表 8 - 1　互补型 0—1 标度

标　　度	含　　义
0	表示 A 元素没有 B 元素重要
0.5	表示 A、B 元素同等重要
1	表示 A 元素比 B 元素重要

2. 构建模糊判断矩阵

$$F = (f_{ij})_{m \times m} \qquad (8-1)$$

其中 f_{ij} 指标表示 f_i 与 f_j 之间相互的重要程度，根据上文它的取值为：

$$f_{ij} = \begin{cases} 0, & f_i < f_j \\ 0.5, & f_i = f_j \\ 1, & f_i > f_j \end{cases} \qquad (8-2)$$

很明显，$f_{ij} + f_{ij} = 1$，$f_{ii} = 0.5$，m 为指标的个数。

3. 计算模糊一致性矩阵

把矩阵 $F = (f_{ij})_{m \times m}$ 按行求和，每行的和记为 $h_i = \sum_{j=1}^{m} f_{ij}$，然后利用公式（8-3）计算得出模糊一致性矩阵 $H = (h_{ij})_{m \times m}$。

$$h_{ij} = \frac{\sum_{k=1}^{m} f_{ik} - \sum_{k=1}^{m} f_{jk}}{2m} + 0.5 \qquad (8-3)$$

4. 计算因素权重

将模糊一致性矩阵 $H = (h_{ij})_{m \times m}$ 的每一行进行乘积运算，得到：

$$X_i = \prod_{j=1}^{m} h_{ij} (i = 1, 2, \cdots, m) \qquad (8-4)$$

然后将 X_i 开 m 次方得方根向量 h_i：

$$h_i = \sqrt[m]{X_i} (i = 1, 2, \cdots, m) \qquad (8-5)$$

最后将方根向量 h_i 进行归一化处理：

$$W_i = h_i \Big/ \sum_{1}^{m} h_i \qquad (8-6)$$

则 $W = (W_1, W_2, \cdots, W_m)$ 即为所求指标的权重。

（二）利用熵值法确定权重值

在信息论中，熵是系统有序程度的度量。在对指标权重进行熵值法计算时，指标提供的有效信息量越大，其在综合评价中起到的作用就越大，相应权重也就越大；反之有效信息量越小，其在评价中的作用就越小，权重也就越小。

1. 无量纲化方法处理指标值

由于不同单位之间存在着无序性，无法进行直观的比较，因此需要采用无量纲方法使复杂的实际问题的数理建模合理化。目前常用的无量纲化处理方法有极值化、标准化、均值化以及标准差化方法，本书采用的是标准化方法。但是普通的无量纲化方法大多是针对静态环境，而本书指标值大多属于动态环境之中，具有一定的时间维度。使用传统的无量纲化方法对动态环境的数据进行处理，对评价指标相互之间的差异解释度较高，而对同一指标在不同时间维度的差异解释度不高。因此本书将指标在不同时间维度上的数据进行集中，再对此进行无量纲化处理，具体处理公式为：

$$c_{ij} = \frac{y_{ij} - y_i^{min}}{y_i^{max} - y_i^{min}}, (i = 1, 2, \cdots, m; j = 1, 2, \cdots, n) \qquad (8-7)$$

2. 计算第 n 项指标第 m 个时间点指标值的比重

$$p_{ij} = \frac{c_{ij}}{\sum_{i=1}^{m} c_{ij}} (i = 1, 2, \cdots, m; j = 1, 2, \cdots, n) \qquad (8-8)$$

3. 计算各评价指标的熵值

$$e_i = -k \sum_{j=1}^{m} p_{ij} \ln p_{ij} \qquad (8-9)$$

其中 $k = \frac{1}{\ln m}$; $i = 1, 2, \cdots, m$; $j = 1, 2, \cdots, n$

4. 指标权重的计算

$$W_i = \frac{1 - e_i}{\sum_{j=1}^{n} (1 - e_i)} (i = 1, 2, \cdots, m) \qquad (8-10)$$

（三）确定综合权重值

层次分析法在确定权重时主要参考的是专家的意见，这样就具有相当程度的主观性，不同的专家对指标权重的认可程度不同；而熵值法虽然无须主观判断，客观性较强，但不能反映专家和决策者的意见，而产业规划恰恰需要相当程度的主观意见，同时本书的指标较少，利用熵值法得到的权重具有一定的不确定性。因此本书基于以上两种方法分别计算得出权重值后，再对权重值进行组合，形成综合权重，其计算方法如下：

$$\theta_i = \frac{W_i W_i}{\sum\limits_{i=1}^{m} W_i W_i}, 0 \leqslant \theta_i \leqslant 1, \sum\limits_{i=1}^{m} \theta_i = 1 \tag{8-11}$$

二　评价标准的确定

制定相关的指标评价标准一方面可以使其具有一定的层次性，方便对指标进行归类划分，进一步研究其内在的不同特性，另一方面使评价结果更为直观，更容易被大多数人接受，更具有现实指导意义。根据本书的研究实际，我们采用等级判断法设定评价的相关标准，将指标得分区间划分为四个层次，如表8-2所示。

表8-2　指标体系结果评价标准

等级	很好	好	一般	差
综合分值	$F \geqslant 0.8$	$0.8 > F \geqslant 0.6$	$0.6 > F \geqslant 0.4$	$F < 0.4$

第二节　基于 PSR 模型的京津冀产业转移实证研究

一　京津冀产业布局现状及产业选择

目前京津冀经济圈的产业主要沿区域间的交通轴线来分布，呈现点—轴的分布结构。连接北京、天津的一级交通轴线系统（由铁路、高速公路组成）是产业布局的集中区域，一级交通轴线在产业带的形成与发展过程中起着核心引导的作用，例如中关村、亦庄、廊坊开发区、塘沽高新区、曹妃甸开发区、天津华苑、武清开发区 7 个产业园区均分布于京津交通干线周围。同时连接北京—保定—石家庄—邢台—邯郸、北京—唐山—秦皇岛的二级交通轴线（铁路、高速公路、一级公路），也有着众多的产业园区。二级交通轴沿线周围也分布着许多大型的制造业、化工业等产业园区。连接北京—承德、北京—张家口等城市的三级交通轴线系统，主要分布着饮料制造业、食品生产与加工业等以农业为基础的相关产业。

京津冀经济圈区域内的高新技术产业、科技服务业、社会服务业主要分布在北京和天津，其中中关村科技园区、廊坊经济技术开发区、华苑产业园区等高新产业园区对所在地区甚至京津冀经济圈整体的经济发展有较强的拉动作用。河北省境内分布的主要是工业基础产业，目前已经形成了以食品、建材、机械、冶金、化工为主导的五大产业。河北省西北地区的承德、张家口等地自然风光秀丽，适合发展旅游业；秦皇岛、唐山、沧州等沿海地区重工业基础较好，近年来承接京津地区产业转移，发展迅速；中部地区的石家庄、衡水依托于丰富的人力资源，服装纺织等产业发展时间较长，有着一定的产业积淀；南部地区的邢台、邯郸冶金、建材产业具有一定的工业基础，可以继续壮大发展；环京津的保定、廊坊利用自身的区位优势，发展了农副产品生产加工业，近年来也承接了一部分现代设备加工制造业。

从京津冀经济圈整体来看，北京的煤炭开采与洗选业相较于津冀两地比较优势已经消失，近年来煤炭开采洗选业产值也逐年降低，但由于工业城市基础较好、市场需求较大、煤炭资源比较丰富等历史原因，北京的煤炭开采和洗选业还有着一定优势。但从生态环境、经济发展等因素来考虑，北京应该对该产业进行产业转移。结合京津冀目前的产业发展现状与生态安全的相关要求，本书选取目前最有可能从北京转移出去的 16 个行业进行产业转移影响评价。这 16 个行业为：

煤炭开采和洗选业，废弃资源和废旧材料回收加工业，有色金属冶炼及压延加工业，金属制品业，食品制造业，黑色金属冶炼及压延加工业，皮革、毛皮、羽毛（绒）及其制品业，橡胶制品业，塑料制品业，农副食品加工业，黑色金属矿采选业，文教体育用品制造业，纺织服装鞋帽制造业，饮料制造业，造纸及纸制品业，化学原料及化学制品制造业。在进行数据累加与分化分析时，可能会由于统计口径不一，导致最后的结论出现偏差，本书考虑到这 16 个行业全部都是第二产业，并且包含了"中国统计年鉴"所划分的第二产业中的大部分行业，因此以下的运算与分析均使用第二产业指标数值。

二 实证研究

1. 获取数据并进行标准化处理

根据上文选取的相关指标，从《中国统计年鉴》《北京市统计年鉴》以及北京市环境保护局网站获取相关原始数据，再根据各个指标的具体含义和计算方法计算出具体的指标值，如表 8 - 3 所示。

表 8 - 3　北京 16 个行业各指标数据

指标＼年份	2009	2010	2011	2012	2013	2014
区位熵	0.508118	0.514429	0.495605	0.501523	0.508481	0.498731
比较劳动生产率	1.840931	1.860041	1.750952	1.976767	1.990071	1.840365
比较资本生产率	0.440396	0.449841	0.454367	0.485621	0.500261	0.476814
比较行业增长率	1.237542	1.028204	0.823155	0.849409	0.893012	0.901505
转移产业投资额（亿元）	411.4	528.1	762.2	719.8	755	716.8
每万人拥有科技工作者人数（人）	284.938	270.049	300.198	314.601	322.179	337.286
高新技术产业产值（亿元）	778.40	888.80	1043.20	1200.74	1363.38	1593.82

续表

指标＼年份	2009	2010	2011	2012	2013	2014
城镇就业率	0.631395	0.611717	0.636123	0.639682	0.654485	0.655173
工业固体废物处置利用率（%）	97.46	97.59	97.48	98.84	100	100
工业废气处理率（%）	94.6	91.7	88.3	99.6	98.1	98.7
工业废水排放达标率（%）	62.7	72.8	84.4	90.8	91	93.8
转移产业单位产值能耗（吨标准煤）	219197.2	231101.8	246441	252462.8	258484.6	264563.9
单位 GDP 二氧化碳排放量（以能耗计算）	324939	324939	348002	361732	375000	367718

资料来源：《中国统计年鉴》（2015）、《北京市统计年鉴》（2015）、北京市环境保护局网站。

利用无量纲化方法处理以上原始数据，利用公式（8-7）对其进行标准化，得到各指标标准化值，如表8-4所示。

表 8-4　北京 16 个行业指标数据标准化值

指标＼年份	2009	2010	2011	2012	2013	2014
区位熵	0.665	1.000	0.000	0.314	0.684	0.166
比较劳动生产率	0.376	0.456	0.000	0.944	1.000	0.374
比较资本生产率	0.000	0.158	0.233	0.755	1.000	0.608
比较行业增长率	1.000	0.495	0.000	0.063	0.169	0.189
转移产业投资额	0.000	0.333	1.000	0.879	0.979	0.871
每万人拥有科技工作者人数	0.221	0.000	0.448	0.663	0.775	1.000
高新技术产业产值	0.000	0.135	0.325	0.518	0.717	1.000
城镇就业率	0.453	0.000	0.562	0.644	0.984	1.000

续表

年份 指标	2009	2010	2011	2012	2013	2014
工业固体废物处置利用率	0.000	0.051	0.008	0.543	1.000	1.000
工业废气处理率	0.558	0.301	0.000	1.000	0.867	0.920
工业废水排放达标率	0.000	0.325	0.698	0.904	0.910	1.000
转移产业单位产值能耗	0.000	0.262	0.601	0.733	0.866	1.000
单位 GDP 二氧化碳排放量	0.000	0.398	0.676	0.841	1.000	0.912

2. 计算各指标的权重

首先用传统层次分析法确定相关权重。

构造一级指标 B 的 0—1 标度法判断矩阵:

$$F = \begin{pmatrix} 0.5 & 0.5 & 0 \\ 0.5 & 0.5 & 0 \\ 1 & 1 & 0.5 \end{pmatrix}$$

根据公式(8-3)对该矩阵进行模糊一致性处理:

$$H = \begin{pmatrix} 0.5 & 0.5 & 0.25 \\ 0.5 & 0.5 & 0.25 \\ 0.75 & 0.75 & 0.5 \end{pmatrix}$$

计算一级指标 B 的权重,根据公式(8-3)至公式(8-6),最终计算得到 $B1$、$B2$、$B3$ 三个一级指标的权重为:

$$W_{B1} = 0.2739, W_{B2} = 0.2739, W_{B3} = 0.452199$$

重复以上步骤,根据公式(8-3)至公式(8-6),计算三级指标 C 分别相对于一级指标 B 的权重,计算结果如下:

$$W_{C1} = 0.337057, W_{C2} = 0.248346, W_{C3} = 0.248346, W_{C4} = 0.166251$$

$$W_{C5} = 0.390171, W_{C6} = 0.168657, W_{C7} = 0.239321, W_{C8} = 0.201851$$

$$W_{C9} = 0.194947, W_{C10} = 0.266713, W_{C11} = 0.229751, W_{C12} = 0.229751, W_{C13} = 0.078837$$

结合相关指标数据，根据公式（8 - 7）至公式（8 - 10），用熵值法计算指标权重，计算结果如下：

$$W_{B1} = 0.291442, W_{B2} = 0.272204, W_{B3} = 0.436354$$

$$W_{C1} = 0.222185, W_{C2} = 0.232331, W_{C3} = 0.342482, W_{C4} = 0.203001$$

$$W_{C5} = 0.236744, W_{C6} = 0.252426, W_{C7} = 0.295386, W_{C8} = 0.215445$$

$$W_{C9} = 0.410253, W_{C10} = 0.156213, W_{C11} = 0.144997, W_{C12} = 0.150711, W_{C13} = 0.137826$$

根据公式（8 - 11）计算两种方法的组合权重：

$$W_{B1} = 0.22697, W_{B2} = 0.211988, W_{B3} = 0.561041$$

$$W_{C1} = 0.297899, W_{C2} = 0.229517, W_{C3} = 0.338334, W_{C4} = 0.134250$$

$$W_{C5} = 0.370782, W_{C6} = 0.170892, W_{C7} = 0.283763, W_{C8} = 0.174564$$

$$W_{C9} = 0.398996, W_{C10} = 0.207856, W_{C11} = 0.166195, W_{C12} = 0.172744, W_{C13} = 0.054208$$

由此可以得到各项指标的权重值，如表 8 - 5 所示。

表 8 - 5　PSR 评价指标体系各指标权重

		区位熵（C1）	0.297899
压力指标（B1）	0.226970513	比较劳动生产率（C2）	0.229517
		比较资本生产率（C3）	0.338334
		比较行业增长率（C4）	0.134250
状态指标（B2）	0.211988345	转移产业投资额（C5）	0.370782
		每万人拥有科技工作者人数（C6）	0.170892
		高新技术产业产值（C7）	0.283763
		城镇就业率（C8）	0.174564
响应指标（B3）	0.561041142	工业固体废物处置利用率（C9）	0.398996
		工业废气处理率（C10）	0.207856
		工业废水排放达标率（C11）	0.166195
		转移产业单位产值能耗（C12）	0.172744
		单位 GDP 二氧化碳排放量（C13）	0.054208

3. 对 PSR 模型评价结果的计算

根据以上各计算方法确定各指标数值与权重后，我们对此进行加总，得出指标最后的得分，计算方法如下：

$$F = W_{B1} \sum_{i=1}^{n} r_i I + W_{B2} \sum_{j=1}^{m} r_j I + W_{B3} \sum_{k=1}^{j} r_k I \qquad (8-12)$$

其中，W_{B1}、W_{B2}、W_{B3} 分别为压力、状态和响应三个系统一级指标的权重，r_i、r_j、r_k 分别为系统内二级指标的权重，I 为经过无量纲化处理后的各指标数值。根据公式（8-12），最后计算结果如表 8-6 所示。

表 8-6　北京 16 个行业转移影响评价结果

年　　份	压力系统	状态系统	响应系统	综合影响
2009	0.095019	0.024779	0.065016	0.184814
2010	0.118574	0.034293	0.114377	0.267243
2011	0.017292	0.135163	0.145570	0.298653
2012	0.130397	0.148075	0.419114	0.697587
2013	0.180268	0.184650	0.524179	0.889097
2014	0.083187	0.201816	0.549092	0.834091

三　评价结果分析

（一）对指标权重计算结果的分析

由表 8-5 可以看到，压力指标、状态指标和响应指标三个一级指标相对于整个评价系统的权重分别为 0.227、0.212 和 0.56，可以看出响应系统的指标所占权重较大，大于前两个指标权重之和，这是因为我们对京津冀经济圈产业转移影响的评价是基于产业安全角度考虑的。本书将产业安全中的生态安全作为对京津冀经济圈产业转移影响评价的重中之重，这与近年来北京地区环境污染问题日益严重的现状与国家下决心对其进行治理的力度分不开。同时我们也不能忽视产业转移对社会经济的影响，所以分别将压力指标和状态指标的权重值设为 0.227 和 0.212。

（二）评价结果的具体分析

由表 8-6 可以看出，2009~2011 年的综合评价得分分别为 0.184814、0.267243、0.298653，产业转移综合影响评价为差，压力系统和状态系统的得分相较于响应系统很高，说明这一阶段的产业转移还是以经济效益为重，相关环境指标的表现不尽如人意，产业转移的效果较差。2012 年和 2013 年的综合评价得分分别为 0.697587 和 0.889097，分值得到了极大的提升，产业转移影响评价结果分别为"好"和"很好"，具体来看，压力系统与状态系统变化不大，但响应系统的得分有了明显的上升趋势。在综合指标中，响应系统中的环境因素影响占了很大的比重，近几年对环境问题的重视，不再以经济利益为前提，突出了生态环境的重要性。2014 年的综合评价得分为 0.834091，低于 2013 年的 0.889097，但是深入分析，减少的是压力指标，而状态指标与响应指标都有所增加，这说明产业转移取得了一定的成效，政府减少了投资，一些重污染企业已经完成产业转移，比如煤炭开采洗选业、黑色金属采选业、黑色金属冶炼及压延加工业、非金属矿物制品业等工业产值都出现了负增长。对环境问题的重视、高能耗重污染企业的转移、"三废"处理力度的加大，极大地改善了生态环境，这表现为转出地环境压力的减小，以及相关环境指标的提升。

从图 8-1 可以看出，从所选择的 16 个行业 2009~2014 年的数据来看，压力与相应指标的变化不大，而响应指标在 2012~2014 年稳步提升，指标得分远远大于以上两个指标。考虑到这 16 个行业属于资源能耗大、环境污染重的行业，对其进行产业转移，其环境效益远远大于经济效益。

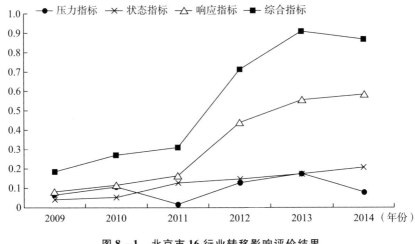

图 8-1　北京市 16 行业转移影响评价结果

从 PSR 模型的评价结果来看，本指标体系基本反映了近年来产业转移给京津冀地区带来的具体影响，具有一定的现实意义，京津冀经济圈内部产业转移不能只看经济效益，环境效益也应该被看作重要的一部分，在一定的条件下，甚至要超过经济效益。特别是近几年来京津冀地区的生态环境问题日益严重，产业安全特别是生态环境安全对于产业转移中相关产业的选择有着特殊的意义。

第九章 京津冀产业转移的政策建议

由实证研究可以得出结论，京津冀各地经济互补现象明显，产业转移与合作的基础较好，产业转移有着巨大的发展潜力。但在现实的执行当中，因区域行政壁垒过高和区域合作协调机制不完善，自2011年京津冀一体化纳入国家重点战略至今，京津冀经济圈发展仍然缓慢，产业转移的步伐跟不上规划的脚步。因此本书认为落实京津冀一体化可以从以下几方面着手，推动区域产业转移。

第一节 京津冀区域——协作开发，总体规划

（一）打破惯性思维，加强顶层设计

统一的区域规划是京津冀发展的基础。但是京津冀三地行政壁垒很强，产业同构化，发展合作中存在冲突，因此要站在全局，在国家的高度上建设京津冀区域，努力跨越行政界限，强化顶层构建，推进统筹各项工作。应当由国务院、发改委等部门统筹规划，建立高于三个行政单位的中央领导小组以及相关协调机构，领导小组要统筹规划整体布局，在京津冀经济圈内制定区域整体规划，明确三地产业分工、功能定位、设施配套、城市布局等重大问题，当好产业转移的"带路人"。协调机构要协调区域内各利益相关部门，解决跨越行政边界的区域产业转移问题，建立三地之间常态化的沟通、交流、联络机制，做产业转移的"润滑剂"。同时还要发挥民间组织与研究机构的

作用，如行业联盟、商会以及各高校相关研究中心，鼓励其参与区域内招商引资，收集行业数据，并由高校研究中心进行调查分析，这样有利于发现并指导监督产业协调发展中的一些问题，同时建立其与相关职能部门的沟通机制，广开言路，征集相关建议，为政策的制定提供依据。各地方政府要着力加大对协同发展的推动，打破惯性思维，开阔自身视野，提高执行效率，建立"区域考核评价"机制，彻底贯彻问责制，对不顾区域利益的行政行为和不作为现象进行严厉惩治，破除"唯 GDP 论英雄""地方保护主义"等思想，充分发挥地方政府作用，当好产业转移的"螺丝钉"。同时，各地方政府还应当顺应市场规律，发挥市场"看不见的手"的作用，推进经济体制和行政体制改革，打破区域间的行政、司法、财税等障碍，尝试建立一个三地统一的司法、财税体制，可以借鉴欧盟经验，打破原有的行政区划，在区域内制定统一的货币政策和财政政策，简化行政审批，减少审批流程，统一税收标准，方便中小企业跨区域自由流动，将市场作为产业转移的"发动机"，发挥市场的配置作用，以及政府的推动作用。在产业转移中，政府的功能定位主要是纠正市场失灵和打造优良的经济合作环境，建立一套服务于整个京津冀市场的准入标准，确保区域内产业的公平竞争和正常市场秩序的维持，如安全管理标准和监督检验标准等，当好产业转移中的"技术员"。

（二）推动产业对接协作，实现错位发展

想要促进产业合作，需要从横向、纵向两方面进行考虑。在横向上要利用产业集聚效应，利用各地生产要素等方面的比较优势，强调市场的引导作用，形成具有本地特色的主导产业；在纵向上要理顺三地产业发展链条，对接产业规划，避免同构性、同质化发展，形成区域间的产业合理分布和上下游联动机制。从产业转移过程中的产业分工来看，传统的产业部门分工主要是部门分工的专业化，是不同部门

的分工；而新型的产业分工则不同于传统的产业分工，尤其是迈入信息时代以来，新型的产业分工更注重市场细分，贴近市场的细微需求，把重点放在产品及其功能上，在产业协调的过程中以实现产品专业化和功能的专业化为手段，来实现区域利益的有机结合。这样既有利于促进地区间的产业合作，使合作各方实现互惠互利、合作共赢，也在城市间形成了具有特色的产业分工体系，打造出完整的产业链。

从产业对接协作、错位行进的路径来看，首先要规划京津冀经济圈产业的方向，其次要明确区域内各城市的定位，最后要积极推进制度创新和技术创新。从总体规划来看，京津冀经济圈是国家重点战略，目的是打造中国新的经济增长极，这样的定位决定了京津冀经济圈必须是超一流的，与珠三角、长三角城市圈相媲美的，因此京津冀经济圈的产业结构必须要优化，产业规划必须要超前，产业布局必须要合理。从制度创新与技术创新角度来看，北京是全国的政治中心，有着独一无二的政治资源，同时还是全国的教育中心，拥有众多的科研院校与丰富的人才储备，我们应当发挥这一优势，在体制和机制方面，进行产业一体化和产业链等方面的创新，以高新技术产业基地和先进制造业基地为目标建设京津冀经济圈，实现一体化发展。

（三）加快京津冀经济圈要素一体化的建设

要素一体化，包括资本与商品的自由流通、人员的自由往来等生产要素的随意流通。区域合作发展中，要素一体化是最基础的物质要求。首先，北京、天津、河北三地政府要加速构筑区域内综合交通系统，建立完整的物流体系，统一开展区域内城铁、高铁等交通项目的建设，突破行政规划的限制，促进劳动力与商品的自由流动。其次，增强在能源领域的合作，统一建设能源供应体系，降低区域间的生产、生活成本。再次，北京、天津、河北需要实现资本、人才引进，市场开发，土地建设等方面的政策统一，平衡社会保险、教育服务资源及公共建设，降低要素流动成本。最后，开放资本市场，实现资本自由流动的目标。首先天津应同北京合力实现资本市场一体化，充分利用北京和天津滨海新区的政策优势，实现京津冀经济圈一体化。

针对要素一体化，最重要的问题是基础设施建设问题，而基础设施建设最重要的是资金的问题。按照现在河北省的城镇化发展速度，到 2020 年，河北的资金缺口将达到 1.1 万亿元，而据财政部近期统计，要保证京津冀一体化顺利实现未来六年内需要投入至少 42 万亿元。针对这一问题，我们认为有必要为产业转移与承接建立京津冀经济区基础设施共建基金，资金的来源可以考虑三个方面：北京市、天津市以及河北省的政府投资，各地的投资，以及中央的财政支持。比如，北京进行产业转移，河北省作为承接地，北京应当出资对河北进行支持，同时也可以向中央财政申请资金支持。

（四）完善京津冀经济圈城市群体系

京津冀地区优势资源明显，在产业合作方面很有优势。但优势扩散效应的发挥严重受限于区域内的二元经济结构，妨碍了北京、天津、河北经济圈产业的繁荣。特大城市附近的中小城市是特大城市发展的助力，因此要加强城市间的分工配合，优化空间结构布局，加快区域内城镇化的进程，发展一批有特色的中型城市与卫星城市。首先，要严格控制中心城市人口规模，利用教育、户籍等政策合理驱使人口由中心特大城市自发有序转移至其他地区，并适当放松非本地人口落籍条件，增强中心城市周边卫星城市的城市服务，改善其居住环境，充分发挥其地域区位长处。其次，要更加深入提升关键位置城市的综合辅助职能，具体来说，当前应尽快解决天津、河北、沧州、衡水等地的快速交通问题。再次，现在秦皇岛、黄骅、京唐、天津四个港口还没有充分发挥作用，仍然是在"没有吃饱"的状态，所以京津冀三地应合资合力在全面提高天津、秦皇岛港口现有能力的基础上积极发展王滩、京津港、曹妃甸和港区港货运能力，扩展京津冀经济区出口通道。利用中心城市的辐射关系形成区域内新的经济增长极。最后，加快发展区域内广大中小城市和小城镇的特色经济，缩小河北地区同北京、天津的经济差距，为产业转移奠定优良的基础。

第二节　产业转移方——引导和驱动产业转移

（一）充分发挥京津冀地区北京产业升级的引擎作用

首先，北京市作为全国性的金融、信息、科技与商贸中心，要着力提升其生产性服务业在区域中的辐射带动作用，积极发展面向区域的金融、信息、科技和商贸等服务，为区域发展提供人才、资本、科技等方面的支持，实现产业环节在区域内的转移和配套。其次，发挥北京作为总部中心、市场中心和信息中心对区域产业分工合作的引领作用，支持总部企业在区域内建设生产基地和配套服务基地，形成研发—制造—物流—分销完善的产业链条。再次，还要利用北京的巨大人口优势，发挥其消费能力，将市场做强，促进相邻地区行业的发展。最后，利用北京各种各样咨询机构的人才专业优势为中小企业提供专业技术支持，为其寻找合作对象，实现产业升级，促进企业技术转移和产业转移。

（二）加快自身的产业结构升级

北京市曾经是北方的工业中心，有着品类繁多的制造业，随着经济的发展，一些传统制造业已经不适合北京未来的产业规划，给北京带来了严重的交通、污染等问题。因此北京应积极加快自身产业结构升级，一方面淘汰转移落后的产业，如金属、橡胶、木材、化工原料等，将加工产业转移，实现产业结构升级，为新兴产业腾出发展空间，同时缓解污染、交通等问题；另一方面要契合自己的定位促进高附加值的新兴产业的发展。北京发展高端产业，需要利用自身人才、科技、资本的优势，优先发展现代服务业和高新技术产业，努力提升自主创新水平与产业竞争力，优先发展高科技制造业和高新技术产业，提升就业水平，强化区域影响力。

（三）加强与外围地区的产业合作

作为京津冀经济圈的核心，北京在明确产业转移的基础上，要加强与天津、河北的产业合作。北京农业人口的消费旺盛，需要大量农副产品，北京农副产品一直来源于其周边地区，可以利用这一优势加大农业深加工力度，由北京提供资本、人才、市场，河北提供土地、劳动，实现农产品生产的标准化、安全化、精品化。在工业方面，北京作为产业转移方，要对转出企业提供指导帮助，明确一批有明确地产权、长产业链、较强市场竞争能力的企业集团；对预留企业要鼓励企业投资多元化，通过合理的产业分工将不同的产业链分布区域同其他区域链接来提高区域经济协调的程度，在现有的原始区域合作的基础上，应继续深入，来扩展现有的产业链。在服务业方面，北京应发挥生产性服务业的优势，特别是注意科学和技术对现代制造业的影响，扮演京津冀经济服务业务的领头羊。此外，京津冀经济圈也有强大的旅游优势，北京有着广大的旅游业市场，而河北、天津也有着丰富的旅游业资源，京津冀应加强与周边地区的合作，整合旅游资源，发挥旅游潜力。

（四）建立区域间利益分享机制

北京、天津，以及河北省分别作为首都、直辖市和普通省份，在行政级别上有明显差距，这也在某种程度上导致了社会福利分配、基础设施建设、公共服务供给和生活成本上的差异。北京具备的优势条件吸引了天津和河北的大批人才以及优势资源，虹吸效应拉开了各地区的经济发展水平以及居民生活水平的差距。而收入水平和消费结构的差异又会影响到相关地区、相关产业的发展。为促进区域内产业的协调、优化，产业结构必须消除这种差距，北京应建立区域间的利益补偿机制。首先创造条件提高居民尤其是农村居民的收入水平，对贫困地区居民扩大转移支出，提高欠发达地区的社会保障水平，化解城乡二元制矛盾，增加居民的财产性收入，完善土地流转制度，使农民能从土地流转中获得收入，让农民的收入来源多样化。在消费方面，创造良好的消费导向，引导居民进行合理消费，提高消费支出，使消费成为京津冀地区经济发展的主要力量。在公共服务上，建立医疗、卫生一体化的服务机制，建立跨区域的医疗集团，推动养老保险互通使用，使跨区域就医可以及时结算，做到社保信息共享，使劳动者在年老乃至丧失劳动能力后没有后顾之忧。收入的提升以及社会保障制度的完善可以在很大程度上促进消费能力的提高，进而为产业的优化升级注入动力。

第三节　产业承接方——提高自身水平，
承接产业转移

北京对于周边地区的经济辐射效应取决于周边地区的经济发展水平以及相关的产业承受力。要保证京津冀经济圈内的产业转移顺利、有序、高效地进行，北京周边区域需要做到以下几点。

（一）明确自身定位，承接适合自身发展的产业

京津冀各地经济发展缓慢的一个原因是各地区不是基于各自的优势来发展、承接产业，而是只管"接"而忽视了"承"，承受不起产业发展的相关条件要素，因此竞争大于协作。首先，津冀应基于自身的现实状况，发掘地理位置与北京相邻的长处，发展适当的产业，扩

大业务，充填北京等中央城市市场的空白。以现阶段北京和天津地区的金融行业为例，北京是我国目前为止除上海外金融行业最为发达的城市，国有控股银行、城市银行、股份制银行以及其他大大小小的金融机构遍布大街小巷，并且北京是我国许多大型银行的总部所在地，拥有雄厚的金融基础和资本储备。相对于北京而言，天津地区的金融业在近年来也呈现快速增长的趋势，银行存差不断扩大，但是，由于天津近年来经济建设速度的加快以及产业结构的调整，其对资金的需求在不断扩大，本地的资金很难自足，这就在一定程度上为北京和天津的金融合作创造了客观条件。在金融目标定位方面，北京致力于把自身建设成为国际金融管理中心，天津要建设成国际金融运营中心，并且在自身的功能定位上，前者定位于发挥自身的金融总部的宏观决策力量，后者致力于发展服务于经济的金融操作机构。就具体定位来看，天津地区的经济相对比较发达，在原有工业发展的基础上，天津可以依靠首都和自己的技术，加强技术转变，将当代制造业的发展作为头等任务。而发展较为滞后的河北省应该充分发挥自己的传统优势产业，大力接受北京和天津的工业支持，以及承接垂直分工的相关产业。

引入的行业也应该选择，北京以及天津现阶段向河北省转移的主要是一些低端的制造行业和传统的加工产业，如食品加工、服装加工这些低端的劳动密集型产业，以及钢铁、冶金、机械制造等资源消耗量大且污染比较严重的传统产业。从表面上看，河北省成为这些企业的避难所、北京和天津的"垃圾桶"。这些企业转移出来以后能否持续发展，对这个问题我们应该有清醒的认识。首先，天津和北京转移出来的产业多由廊坊、保定、唐山等具有资源优势和地理位置优势的地区承接，这符合产业转移的梯度规律，也和河北省自身的比较优势相匹配。目前国家已经推出了京津冀地区治理空气污染的合作机制，因此，天津和河北应该正确理解"产业转移"与"循环经济"的概念，结合短期效应和长期效应，根据行业的具体实际来评估可行性，进行市场前景分析与计划，一步一步实施，在最大程度上减少污染。

河北省作为主要的承接地，首先要转变态度，变被动承接为主动承接，对自己的产业结构以及现存产业链要有清醒的认识，把技术纳入产业链，企业纳入产业群，园区纳入产业圈来考虑，有的放矢地进行承接。其次，建立产业承接的负面清单，明确不接受的企业，把好承接项目的转入关口，突出产业特色，明确地区功能定位，避免各地区为争夺利益造成资源浪费和生态破坏。

（二）创建优良的投资环境，加强产业基础设施建设

天津和河北要为产业转移提前做好准备，这包括硬件、软件以及相关竞争市场三个部分。硬件方面需要改善的主要是京津冀承担公共服务设施供应的能力，应改善公用设施服务水平，促进公用基础信息的发展，成立适合的基础信息设备；软环境主要是建立一个平等的、竞争的环境，创建一个优良的资金氛围，并特别为企业集团实施优惠，激励企业集团进入市场；竞争环境需要做的是强化技术支撑模式、科技创新、员工质量、工业匹配支撑等，做好同对方的交流工作。并且，由于落后的经济和社会环境，河北省城市化率不高，阻碍了河北省的产业前进步伐，并阻碍了其相对北京的工业竞争力传输，因此，河北省在城市化发展的进程中，应首先强化与北京的合作，提高同北京的公共设备和城市生产资料的共用程度，提升地区内城市的联合度，为工业迁移做准备。此外，应将发展当代工业产业作为第一要务，建设更强大的企业，提高企业的区域竞争力和凝聚力；全面筑建和全力使用开发区，把它们作为介质，强化公共设备并支持服务系统的开发，加快开发区内的企业聚集，形成聚集效应，形成新的经济增长极。现阶段，天津的滨海新区、京津城际新兴产业带、河北的曹妃甸新兴产业带等已建成我国北方地区先进的产业园区，并且集聚了

一批高科技产业、先进制造业和现代服务业，这为产业转移打下了良好的基础，在此基础上我们要进一步挖掘潜力，形成点—线—面的产业分布格局。

（三）积极引入生产要素

在产业迁移的过程中，生产要素有非常重要的职能。津冀需要发挥其重要的地理特长，着力引入当地缺乏的元素，如资本、科技和企业人才。要激励发展生产要素的生存空间，用多样的方法来促进整个地区的生产要素流动。从资金的角度来看，北京是中国北方的金融管理中心，拥有雄厚的资本储备，而天津、河北在承接产业转移时，需要大量的资金支持，因此可以考虑建立一个京津冀协同发展基金，吸引民间资本，解决资金问题。从技术的角度来看，北京拥有着众多的一流高校，有着强大的科技研发能力，天津和河北可以建立区域内的创新服务平台与运行管理机制，积极接收、转化北京的科技成果，加快科技成果转化基地的建设，以科技创新平台为载体实现北京、天津以及河北的联动式发展，共建一批先进的产业园区。从人才的角度来看，三地要建立高层次、高频率的人才交流合作机制，同时要大力引进人才，在收入、交通、户口和住房等方面给予补贴与优惠。最终实现相关产业结构的全面升级与改良。

第十章 结论及进一步研究的问题

第一节 结论

（1）系统梳理了产业转移理论和产业安全理论。基于中心—外围区域经济理论的产业转移，外围的边界并不重要，重要的是区域核心城市的辐射作用。可以将京津冀区域的首都北京作为京津冀协同发展的核心，外围包括天津和河北，同时天津也可作为京津冀的次中心。系统分析了产业安全理论的内涵、理论框架、安全评价体系，在此基础上提出了广义产业安全理论概念，并构建了一套产业转移的广义产业安全评价体系。

（2）首都北京应以中国特色世界型城市为发展目标，着力发展服务业和高新技术产业，将传统产业和带有污染性产业以及大型设备制造业转移出去，进一步解决北京的"大城市病"问题，以提升首都服务功能，将北京建设成为全国的政治中心、文化中心、国际交往中心、科技创新中心。天津应以北方先进制造工业城市为发展目标，稳妥承接北京将转移出来的技术密集型加工制造业，并将自己不具备竞争优势的纺织、造纸以及印刷等产业转移出去，加快成为全国先进制造研发基地、北方国际航运核心区、金融创新运营示范区。河北应利用资源优势，积极承接北京和天津转移出来的食品、钢铁、建材、化工等劳动密集型传统产业并进行改造提升，努力形成特色。进一步巩固农业的基础地位，加快成为京津冀生态环境的支撑区。加快工业信息化进程，做强传统优势产业，成为全国产业转型升级实验区。还要改造提升传统服务业，成为全国现代商贸物流的重要基地。

（3）经过产业转移，在京津冀区域形成"一核""双城""三轴""四区"的产业发展格局。"一核"指以首都作为京津冀协同发展核心。"双城"指两个主要引擎——联动辐射带动作用的北京和天津。"三轴"指沿京津、京石、京唐等主要通道，以轴串点，以点带面，推动产业要素沿轴聚集。"四区"指环中心装备制造区、北部生态旅游区、沿海能源重化工业区和中南轻工业区。

（4）以产业转移和广义产业安全理论为基础，借鉴国外都市经济圈发展经验，结合现在京津冀的发展现状，评析了产业转移三方面的影响因素，重点加入了过去不重视的生态环境影响因素。基于 PSR 的框架模型，建立了一套影响产业转移的指标评价体系，该评价体系包括产业转移的压力、生产要素的状态和生态环境的响应三个方面，并用该评价体系对京津冀区域 16 个产业做了实证计算分析及评价，结果认为这 16 个产业转移综合评价良好。

（5）探索了构建京津冀产业转移与发展协调机制的可行性与现实基础，主要包括京津冀三方产业发展阶段的差异性、产业结构的梯度性，以及三方共同的利益性。这些可行性的探索有利于对京津冀区域的产业进行合理转移，既要统筹规划，加强顶层设计，又要根据各地实际，进行差异化发展。最后结合三地具体实际，分别从中央政府、产业转移方、产业承接方角度提出了产业转移的相关政策建议。

第二节　创新点

（1）提出京津冀区域发展应是市场导向在前，政府引导在后。整体把握京津冀区域的协调发展，重视区域核心城市的辐射作用，在行政区划不同的情况下，指出不必过分强调外围地区的边界。

（2）构建了比较行业增长率，在计算产业梯度时，对产业转出地增加了动态产业变化分析，综合判断具有产业转移趋势的行业。

（3）提出了"广义产业安全理论"概念，并基于广义产业安全理论对产业转移的影响进行了评价。广义产业安全理论最强调的就是产业与生态安全之间的关系，随着京津冀环境问题的日益严峻，以此为背景的产业转移选择将会越来越重视转移对环境的影响。

（4）建立了基于PSR（压力—状态—响应）框架的转移产业安全评价指标体系。该指标体系从系统的角度对相应指标进行筛选和层次分析，把整个京津冀区域的经济和生态环境看成一个大系统，分析系统内产业转移的动力、生产要素的状态以及环境的响应，以此对16个转出产业的影响做了实证评价。

第三节　进一步研究的问题

本书结合京津冀区域的实践，努力通过产业转移研究解决京津冀地区发展不平衡的问题。作者虽然努力探索了该区域产业转移的市场驱动机制、政府调控机制、基于广义产业安全的产业转移评价体系以及产业转移的相关政策建议，但由于自身学术水平有限，因此仍存在以下问题需要做进一步研究。

（1）市场驱动和政府调控是产业转移的动力机制，市场驱动机制又包括生产要素禀赋差异和产业结构差异，而影响产业转移的因素太多，并且随着外部环境的变化，这些影响因素及其程度也会跟着变化，这就需要进一步跟踪完善。

（2）产业转移效果评价指标仍需做深入考虑。随着京津冀区域内外部环境的发展变化，以广义产业安全理论为基础选取的"PSR"系统的相关指标也需要随之调整。

（3）基于广义产业安全理论的产业转移评价指标体系需要进一步扩大范围。

从北京 16 个转移行业的计算案例可知，该评价体系是建立在 2009～2014 年六年相关数据基础上的，也可以说评价结果是以六年各指标数值的平均数为依据计算出来的。但在实际运用过程中，需要对未来产业转移进行评价，未来的有关数据并不能体现在指标体系已有权重的计算过程中。因此，对指标权重的计算做进一步改进，是今后应该思考的问题。

参考文献

［1］巴春生：《承接东部产业转移促进西部经济发展》，《改革与战略》2004 年第 7 期。

［2］曹颖锐：《产业转移背景下区域发展成效评价指标体系构建》，硕士学位论文，西北大学，2013。

［3］陈刚、张解放：《区际产业转移的效应分析及相关政策建议》，《华东经济管理》2001 年第 2 期。

［4］陈刚、陈红儿：《区际产业理论探微》，《贵州社会科学》2001 年第 4 期。

［5］陈刚、刘珊珊：《产业转移理论研究：现状与展望》，《当代财经》2006 年第 10 期。

［6］陈红儿：《区际产业转移的内涵、机制、效应》，《内蒙古社会科学》（汉文版）2002 年第 1 期。

［7］陈建军：《区域产业转移与东扩西进战略》，北京书局，2002。

［8］陈建军：《中国现阶段的产业区域转移及其动力机制》，《中国工业经济》2002 年第 8 期。

［9］陈静：《基于 PSR 模型的开发区土地集约利用评价体系研究》，硕士学位论文，长安大学，2011。

［10］陈蕊、熊必琳：《基于改进产业梯度系数的中国区域产业转移战略构想》，《中国科技论坛》2007 年第 8 期。

［11］戴宏伟、田学斌、陈永国：《区域产业转移研究——以"大北

京"经济圈为例》，中国物价出版社，2003。

[12] 方芳：《外商直接投资对我国产业安全的威胁及对策》，《上海经济研究》1997 年第 6 期。

[13] 冯超：《产业转移与区域分工合作新模式的建立》，《城市发展研究》2013 年第 6 期。

[14] 傅允生：《产业转移、劳动力回流与区域经济协调发展》，《学术月刊》2013 年第 3 期。

[15] 郝洁：《产业转移效应的理论探析》，《商业研究》2013 年第 3 期。

[16] 何维达、李冬梅：《我国产业安全理论研究综述》，《经济纵横》2006 年第 8 期。

[17] 何维达、宋胜洲：《开放市场下的产业安全与政府规制》，江西人民出版社，2003。

[18] 黄海标、李军：《产业结构优化升级评价指标体系构建》，《商业时代》2008 年第 3 期。

[19] 黄钟仪、吴良亚、马斌：《西部承接东部产业转移的产业选择研究——以重庆为例》，《科技管理研究》2009 年第 8 期。

[20] 纪崑、曾五一：《多目标多层次模糊优选综合评价法的应用研究——区域可持续发展评价问题》，《山西财经大学学报》2006 年第 5 期。

[21] 贾广森：《产业转移效应评价及其区域政策取向》，硕士学位论文，浙江师范大学，2010。

[22] 景玉琴：《产业安全概念探析》，《当代经济研究》2004 年第 3 期。

[23] 景玉琴：《开放、保护与产业安全》，《财经问题研究》2005 年第 5 期。

[24] 敬莉、张胜达：《基于资源优势的新疆产业结构优化与路径依赖》，《新疆财经》2012 年第 2 期。

［25］李丽：《区域产业转移进程中的低碳物流与金融支持研究》，经济管理出版社，2012。

［26］李孟刚：《产业安全理论的研究》，博士学位论文，北京交通大学，2006。

［27］李淑香：《河南省承接区域产业转移的实证研究》，硕士学位论文，河南大学，2008。

［28］李松志、刘叶飙：《国外产业转移研究的综述》，《经济问题探索》2007年第2期。

［29］李小健：《经济地理学》，高等教育出版社，2002。

［30］李小健：《我国产业转移与中原经济崛起》，《中州学刊》2004年第3期。

［31］李哲：《京津冀区域产业关联程度分析》，《统计与管理》2009年第2期。

［32］刘海燕：《湖南承接产业转移的环境效应研究》，硕士学位论文，湘潭大学，2013。

［33］刘欢欢：《基于FDI的污染产业转移与环境效应分析》，硕士学位论文，兰州大学，2010。

［34］刘艳：《"民工荒"现象探悉：一个产业转移视角》，《探索》2005年第2期。

［35］刘珂：《承接产业转移背景下产业集群升级研究》，《管理学与企业发展》2012年第10期。

［36］陶希东：《转型期中国跨省市都市圈区域治理》，上海社会科学院出版社，2007。

［37］卢根鑫：《国际产业转移论》，上海人民出版社，1997。

［38］罗俊：《基于产业安全的首都经济圈产业转移影响评价研究》，硕士学位论文，北京交通大学，2015。

［39］吕洪德：《城市生态安全评价指标体系的研究》，硕士学位论

文，东北林业大学，2005。

[40] 马萌：《首都经济圈产业转移研究》，硕士学位论文，北京交通大学，2014。

[41] 马子红：《中国区际产业转移问题研究》，博士学位论文，云南大学，2006。

[42] 毛艳华：《泛珠江三角洲的产业分工和协调机制研究》，《中山大学学报》（社会科学版）2005 年第 1 期。

[43] 潘伟志：《产业转移内涵、机制探析》，《生产力研究》2004 年第 10 期。

[44] 芮明杰：《产业经济学》，上海财经大学出版社，2005。

[45] 沈玉芳、张超：《上海和长江中上游地区经济发展的不平衡性及协调机制研究》，《华东师范大学学报》（哲学社会科学版）2000 年第 2 期。

[46] 史利国：《关于京津冀区域经济发展问题的初步思考》，《京津冀都市圈发展新论（2007 年）》，中国经济出版社，2008。

[47] 孙华平：《产业转移背景下产业集群升级问题研究》，博士学位论文，浙江大学，2011。

[48] 孙启明、白丽健、彭惠、宋阳：《区域经济波动的微观动态基础：企业迁移和产业转移》，《经济学动态》2012 年第 12 期。

[49] 万影：《基于熵权和改进的 AHP 法的房地产投资风险评价》，《华东交通大学学报》2009 年第 6 期。

[50] 汪斌、赵张耀：《国际产业转移理论述评》，《浙江社会科学》2003 年第 6 期。

[51] 汪斌：《全球化浪潮中当代产业结构的国际化研究：以国际区域为新切入点》，中国社会科学出版社，2004。

[52] 汪瑞、安增军：《区域产业转移效应评价指标体系的构建——以 F 省产业转移为例》，《河北科技大学学报》（社会科学版）

2014 年第 2 期。

[53] 王洪庆、朱荣林：《长三角经济一体化的关键：产业结构的调整与互动》，《长江流域资源与环境》2005 年第 1 期。

[54] 王建峰、母爱英、罗义：《FDI、国际贸易与产业转移效应——基于京津冀产业数据的实证分析》，《生产力研究》2012 年第 7 期。

[55] 王建峰：《区域产业转移的综合协同效应研究》，博士学位论文，北京交通大学，2012。

[56] 王先庆：《产业扩张》，广东经济出版社，1998。

[57] 王学人、张立：《产业安全问题制度非均衡成因探讨》，《求索》2005 年第 4 期。

[58] 王燕玲、林峰：《西部地区应积极承接东部地区产业转移》，《经济问题探索》2005 年第 2 期。

[59] 王允贵：《产业安全问题与政策建议》，《开放导报》1997 年第 1 期。

[60] 王虹、陆冰蕊、张华凯：《承接产业转移促进产业结构优化升级机理分析》，《合作经济与科技》2013 年第 14 期。

[61] 韦伟、赵光瑞：《日本都市圈模式研究综述》，《现代日本经济》2005 年第 2 期。

[62] 陶文达：《发展经济学》，中国财政经济出版社，1988。

[63] 魏后凯：《产业转移的发展趋势及其对竞争力的影响》，《福建论坛》（经济社会版）2003 年第 4 期。

[64] 吴焕新：《县域循环经济与产业协同发展成熟度评价指标体系研究》，《攀登》2008 年第 3 期。

[65] 夏兴园、王瑛：《国际投资自由化对我国产业安全的影响》，《中南财经大学学报》2001 年第 2 期。

[66] 肖文韬：《经济全球化进程中我国经济安全问题与对策研究》，

《武汉理工大学学报》2001 年第 6 期。

[67] 杨公朴、王玉、朱舟、王蔷、李太勇：《中国汽车产业安全性研究》，《财经研究》2000 年第 1 期。

[68] 杨开忠：《持续首都：北京新世纪发展战略》，广东教育出版社，2000。

[69] 杨敏、安增军：《海峡两岸产业转移效应评价原理及方法研究》，《东南学术》2012 年第 4 期。

[70] 尤晓：《垂直产业迁移与我国中西部地区经济发展探讨》，《中国软科学》1996 年第 10 期。

[71] 余国琴：《中国地区产业转移》，学林出版社，2006。

[72] 于刃刚、戴宏伟等：《京津冀区域经济协作与发展—基于河北视角的研究》，中国市场出版社，2006。

[73] 于新东：《中国加入 WTO 后产业保护和产业安全研究及对策》，《学习与探索》2000 年第 2 期。

[74] 于秀艳：《信息系统绩效动态评价的权重确定方法研究》，《情报杂志》2007 年第 1 期。

[75] 张碧琼：《国际资本扩张与经济安全》，《中国经贸导刊》2003 年第 6 期。

[76] 张凯、何维达、牛充山：《低碳视角下产业安全评估体系的构建》，《生产力研究》2012 年第 12 期。

[77] 张可云：《区域大战与区域经济关系》，民主与建设出版社，2001。

[78] 张孝锋：《产业转移的理论与实证研究》，博士学位论文，南昌大学，2006。

[79] 赵广林：《经济全球化背景下我国的产业安全》，《南京政治学院学报》2000 年第 2 期。

[80] 赵弘：《北京经济发展报告（2011～2012）》，社会科学文献出版社，2012。

［81］ 赵世洪：《国民产业安全概念初探》，《经济改革与发展》1998
年第 3 期。

［82］ 赵世洪：《国民产业安全若干理论问题研究》，《中央财经大学
学报》1998 年第 5 期。

［83］ 郑秀君：《浅析沿海地区产业转移》，《改革与战略》2005 年第
3 期。

［84］ 郑艳伟：《产业转移理论初探》，《中共浙江省委党校学报》2000
年第 3 期。

［85］ 郑长德：《世界不发达地区开发史鉴》，民族出版社，2001。

［86］ 朱高英：《产业转移中的污染转移问题研究》，硕士学位论文，
中国海洋大学，2012。

［87］ 张公崴：《珠三角产业转移与产业集群升级路径分析》，《现代
管理科学》2008 年第 7 期。

［88］ 张少军、刘志彪：《全球价值链模式的产业转移——动力、影
响与对中国产业升级和区域协调发展的启示》，《中国工业经
济》2009 年第 11 期。

［89］ 周春山、刘毅：《广东省产业转移对区域经济差异的影响分析》，
《云南师范大学学报》（哲学社会科学版）2012 年第 6 期。

［90］ Akamatsu K，"A Historical Pattern of Economic Growth in Developing
Countries"，*The Developing Economies*，Preliminary Issue No. 1，
pp. 3 – 25，1962.

［91］ Akamatus Kaname，"A Theory of Unbalanced Growth in the World
Economy"，*Weltwirts Chaftliches Archiv*，Vol. 86，No. 2，1961.

［92］ Dunning J. H.，"The Paradigm of International Production"，*Jour-
nal of International Business Studies*，pp. 1 – 31，1988.

［93］ Head K.，Ries J.，Swenson D.，"Agglomeration Benefits and Loca-
tion Choice：Evidence from Japanese Manufacturing Investments in

the United States", *Journal of International Economics*, 1995, 163 (38), pp. 224 – 247.

[94] Thompson J. H., "Some Theoretical Considerations for Manufacturing Geography", *Economic Geography*, 1966, 3 (8), pp. 127 – 145.

[95] Kaname Akamatsu, "The Synthetic Principles of the Economic Development of Our Country", *The Journal of Economy*, 1932, 14 (6), pp. 235 – 278.

[96] Kojima. K. A., "Macroeconomic Approach to Foreign Direct Investment", *Hitotsubashi Journal of Economics*, 1973, 14 (10), p. 21.

[97] Lewis, W. A., "The Evolution of the International Economic Order", *International Economic Policicies & Their Theoretical Foundations* (4) 1992.

[98] Luger, M. S., Shetty, "Determinant of Foreign Plant Start-ups in the United States: Lessons for Policy Makers in the Southeast", *Vanderbilt Journal of Transnational Law*, 1985, 25 (3), pp. 19 – 22.

[99] Porter M. E., *On Competition*, Boston: Harvard Business School, 1998, pp. 54 – 56.

[100] Raymond Vernon, "International Investment and International Trade in the Product Cycle", *The Quarterly Journal of Economics*, Vol. 80, No. 2, pp. 190 – 207, 1966.

[101] Smith, D. F. Jr., Florida, R., "Agglomeration and Industrial Location: an Econometric Analysis of Japanese Affiliated Manufacturing Establishment in Automotive-Related Industries", *Journal of Urban Economics*, 1994, 36 (6), pp. 84 – 87.

[102] Vernon, Raymond. "International Investment and International Trade in the Product Cycle", *Quarterly Journal of Economics*, 1966, 23 (5), pp. 132 – 169.

致　谢

经过博士阶段的学习和研究，2016 年 6 月我通过了博士学位论文答辩。本书是在我的博士学位论文基础上加以修改而完成的。我深知本书的研究深度仍然不够，还有一些需要改进的地方，希望得到广大读者的批评和指正，今后我会继续跟踪产业安全领域的研究。

感谢我的导师张国祚教授，给予我巨大的支持和精心的指导，张教授严谨的学术态度和高尚的师德风范将使我终身受益。

感谢参加我的博士论文答辩会的中国人民大学许光建教授、北京大学王立彦教授、北京交通大学李孟刚教授、北京交通大学刘世峰教授、北京交通大学卜伟教授对我的论文的肯定和提出的宝贵意见，感谢答辩委员会秘书段建强老师及课题研究团队的同学。

感谢我的父母，你们的理解和支持使我能够在学校专心完成学业。

还要衷心感谢北京产业安全与发展研究基地和社会科学文献出版社对本书出版给予的大力支持及帮助。

李然

2016 年 12 月于红果园

图书在版编目（CIP）数据

基于产业安全的京津冀产业转移研究／李然著. ――
北京：社会科学文献出版社，2017.4
（北京交通大学北京产业安全与发展研究基地系列丛书）
ISBN 978 - 7 - 5201 - 0485 - 2

Ⅰ.①基…　Ⅱ.①李…　Ⅲ.①产业经济 - 产业转移 -
研究 - 华北地区　Ⅳ.①F127.2
中国版本图书馆 CIP 数据核字（2017）第 047282 号

北京交通大学北京产业安全与发展研究基地系列丛书
基于产业安全的京津冀产业转移研究

著　　者／李　然

出 版 人／谢寿光
项目统筹／周　丽　王楠楠
责任编辑／王楠楠　汪　涛

出　　版／社会科学文献出版社·经济与管理分社（010）59367226
　　　　　地址：北京市北三环中路甲 29 号院华龙大厦　邮编：100029
　　　　　网址：www. ssap. com. cn
发　　行／市场营销中心（010）59367081　59367018
印　　装／三河市尚艺印装有限公司

规　　格／开　本：787mm × 1092mm　1/16
　　　　　印　张：12　字　数：159 千字
版　　次／2017 年 4 月第 1 版　2017 年 4 月第 1 次印刷
书　　号／ISBN 978 - 7 - 5201 - 0485 - 2
定　　价／79.00 元

本书如有印装质量问题，请与读者服务中心（010 - 59367028）联系